な人のお金の習慣

山崎将志

青春新書
PLAYBOOKS

はじめに

Chains of habit are too light to be felt until they are too heavy to be broken.

——Bertrand Russell

習慣という名の鎖は、抜け出せないほど重くなって初めてその存在に気づかされる。

——バートランド・ラッセル　山崎将志 訳

お金というのは不思議なものだと思う。実態があるようでない。ある種、錯覚のようなものなのではないかと考えることがある。

私の知り合いの社長は、毎週社員を食事に連れて行って、だいたい一回の食事で一人に一万円くらい使うという。月に直すと一人当たり四万円である。社員の中には食事は行かなくていいから四万円給料上げてくれよ、あるいは食事は半額でいいから、残りの半分を給料で欲しい、という人もいるだろう。しかし、この社長は食事の四万円はよいが、社員の給料を月に四万円上げるのは、何か理由がない限りは絶対に嫌だという。

これはいったいどういうことなのだろう。

我々も、日常生活において不思議なお金の使い方をしていることがある。たとえば、このようなことだ。
・ひとつしか要らないのに、二つでオトクといわれると、二つ買ってしまう。
・携帯電話に月々一万円近く払っている割に、牛丼屋に行って五〇円の卵を付けようかどうか真剣に悩む。
・家賃節約のために職場から遠いところに住み、疲れたといって週末にマッサージ店に行く。
・独身なのに死亡保障の生命保険に入る。
・所得も貯金も十分あるのに医療保険に入る。
・高級車に乗って一〇〇円ショップに行く。
ここに列挙したものはすべて、一見お金に対する一貫性がなさそうな行動である。

私も、あとで考えると変だな、と思うような行動をとってしまうことがときどきある。

都心のゴルフ練習場に行くと一球二〇円もするからと、少し車を走らせて郊外の一球一〇円の練習場に行く。安い練習場に行くには、往復六〇分余計に時間がかかるし、ガソリン代もかかる。それで節約できるお金は、一回あたり一〇〇球打ったとしても、一〇〇〇円しか変わらない。

今、意図的に一〇〇〇円しかという言葉を使ったが、別の人にとっては、一〇〇〇円も、違うのである。私にとって一〇〇〇円はしかという単位だが、ゴルフの練習の単価にしては一〇〇〇円も違うと考えてしまう。

私の一〇〇〇円しかという表現に不快感を抱いた人も、スポーツクラブに月に一万円払っていたりする。一方の私は、利用料一回三〇〇円の区民センターにしか行かない。つまり、お金に関する感覚は、人それぞれというわけだ。

法の下であらゆる自由が保障されている現代社会において、人それぞれというのは重要な価値観である。しかし、あまりに好き勝手にやっていると、幸せな人生を送れなくなってしまうものである。それは、今の社会をよりよく生きるために適合的な価値観なのかどうかによって決まるはずである。

お金に関する習慣——稼ぎ方、使い方、貯め方——次第で、人生が楽しくなったり、不幸になったりする。人生を楽しくするお金の習慣は、先達たちから脈々と引き継がれてきた。それらの本質は時代を超えて現代に生きる我々にも通じるものが多い。しかし一方で時代とともに新しい定義づけが必要な習慣もあるし、その人の人生の目的やそのときどきに置かれた立場によって、違った解釈を加えなければならないものもある。

新たな定義づけや解釈の仕方を間違えてしまうと、残念なお金の習慣を身につけてしまうことになる。その結果、幸せな人生を送るきっかけを逃してしまう。

残念な人とは、能力もあり、やる気もあるが、考え方——プライオリティ（優先順位）——が間違っているために、結果が出ない人のことである。

ここでいう「考え方」とは、正しいかどうかと、適合的かどうかの二面性を持っている。正しいかどうかとは、たとえば利息とコストの関係など、計算式によって求めることができる類のことである。一方で、後者の適合的かどうかというのは、相対的なものである。それは、自身の時代に対する理解の仕方と、自分がどのように生きたいのかという二つの組み合わせで決まるものである。

考え方さえ正すことができれば、きちんと成果が出せる。実は、残念な人とは、もったいない人のことである。

ここで、私はお金の習慣について語ろうとしているが、正直なところ私はお金に関しては、かなり残念な人である。お金によるストレスに悩んだことは数知れず、また5章で、私の投資に関する失敗を赤裸々に語っているが、その他にもお金に関して、あるいはお金に起因する問題によって、数多くの失敗をしている。まだまだ発展途上の完成されていない人間なのだが、私の考えは、若い時分にお金がなかったことが原動力になっている。そしてそれにより、あなたが知らない世界を経験することができた（もちろん、あなたは私が知らない世界を経験している）。

その経験をお話しすることによって、あなたが正しい考え方を見つけ、あなたなりの時代に対する理解と、人生の目標をうまくマッチさせるヒントのようなものを見つけていただければと思う。

残念な人のお金の習慣＊目次

2章 お金のためにすべてを変えろ

マトモな環境は重要だ
品質基準を高めよ
残念臭を徹底除去せよ
〝きっかけ〟を作れば、〝方向性〟が見つかる
稼ぐ人は自分の目で確かめる
サラリーマン大家さんは魅力的か
不動産競売を少し覗いてみたら……
結局、そんなに安くは買えない
不動産は値下がりする可能性が高い
稼げない人と稼げる人の思考は、どこが違うのか
人のいいところを見る
稼げる人はケンカをしない
あきらめている人は、実はあきらめが悪い
勉強会には行くな
今さらですが、挨拶は大切です

4章 貯金、そして投資、消費、浪費

カバー・一一八ページイラスト…大坪紀久子
図版作成…羽生春久
DTP…センターメディア

1章

お金を稼ぐために決定的に重要なこと

If you think you can, or you think you can't, you're right!
——Henry Ford

自分にはできると思うか、自分にはできないと思うか。
いずれの場合も思ったとおりの結果になる。
——ヘンリー・フォード　山崎将志 訳

なぜ全国大会常連の公立高校が存在するのか

ある週末の夜にテレビでやっていた、杉並高校の吹奏楽部のパフォーマンスに驚いた。この杉並高校は都立高校なのだが、高校吹奏楽部の全国大会の常連校で、二〇一〇年の全日本高等学校吹奏楽大会でグランプリを受賞したそうである。

だいたい五分くらいの演奏だったが、これは音楽の演奏を超えて、完全にエンターテインメントである。総勢一〇〇人を超えるビッグバンドが、演奏しながら野球場のスタンドで行われるようなウェーブをしたり、ステージ後方でホルンなどの大型管楽器を持った複数名が縦一列に並び、タイミングをずらして上半身を回転させたり、一メートル四方くらいある大きな旗を投げて隣のメンバーとキャッチしあうような演技など、本当に感動的なパフォーマンスだった。

私は吹奏楽部に所属したことがないし、時代も違うので内情はよくわからないが、私の持っている高校吹奏楽部のイメージは、譜面どおりに正しく演奏する、ミスしないようにする、発表会になるとみんな目を三角にして演奏するという感じなのだが、この吹奏楽部のプライオリティは「いかに観客を楽しませるか」という点のように見えた。人を楽しませる演奏をするためには、ミスせず譜面どおりに演奏することは前提条件であり、当たり前のこととしてできていなければならない。

さて、この吹奏楽部はなぜこのような高いレベルのパフォーマンスを、継続的に行うことができるのだろうか。

高校の吹奏楽部だということは、メンバーが毎年入れ替わる。いくらスーパープレーヤーがいたとしても、三年間で卒業してしまう。私立高校なら、すでに中学卒業時点である程度完成されている演奏者だけを集めたチームを作ることもできるだろうが、この高校は公立高校だ。吹奏楽推薦というのもあるらしいが、年に数名だそうであり、全部で一〇〇名を超える部員数を考えれば、ほんの一部である。

つまり、この吹奏楽部のレベルが高いのは一部のスタープレーヤーの力ではなく、三年以内に全国トップクラスのメンバーになれる人材を育てる仕組みを持っている、ということである。

ゴール設定によって生まれる結果とプロセスの差

我々ビジネスパーソンは、この吹奏楽部の例から学ぶことはできないだろうか。映像では、指導者の熱意と、彼の「目標を高く持ち、絶対にできると信じろ」という言葉がハイライトされていたが、私はそれ以外にも、この全国大会常連校の仕組みは、これから述べる二つの点が重要なのではないかと思う。

まずひとつは、顧客思考であるということだ。

彼らのゴールは「パフォーマンスによって観客を楽しませる」ことのように見える。先述した、私が吹奏楽部としてイメージする「ミスせずに譜面どおりの演奏をする」というゴールを持っているチームと、そのゴールを達成するプロセスに、どのような違いが生まれるのだろうか。

後者をゴールにした活動プロセスにおいては、譜面どおり演奏するというゴールがとりあえずあるから、減点法というか、マイナスを減らすための取り組みを練習で行うことになる。ミスなく一曲弾けたら、次はもっと難しい曲、という具合に主に技術の習得を中心とした訓練となる。また、楽器の演奏が最も重要であり、それを演奏している姿は、緊張していなさそうに見える、など自然に見えること以外のマイナスを減らすことに注力することとなる。

一方で、「パフォーマンスによって人を楽しませる」ことをゴールにすると、「完璧な演奏をする」ことはそのゴールの前提条件になってしまう。だから、目標を変えた瞬間に、今までの目標は通過点に変わってしまうのだ。

同時に、聴衆に楽しんでもらうためには、演奏以外の部分も重要だ。演奏する姿は単に自然体に見せることを超えて、笑顔で楽しそうにする。さらには、動きを取り入れて派手に演出するということもやりたくなってくる。それらの演出に注力するためには、楽器の操作以外のことに集中していても演奏できるほどのレベルになっていなければならない。だから、完璧な演奏は、ゴールではなく通過点となるのだ。

さらに、「聴衆を楽しませる」ためには、「どうしたら楽しくなるか」とまず考えなければならない。「楽しませる」ことには終わりがないから、試行錯誤しながらもどんどん進化していかざるを得ない。譜面どおりに演奏するゴールでは、譜面どおりにできた時点でミッション達成であるのと対照的だ。

また、そのパフォーマンスでは、「斬新さ」や「技術力の高さ」を積極的にアピールしていない。テレビで演奏していたのは「ヤングマン」「負けないで」「ロッキーのテーマ」など、誰もが知っているなじみの曲ばかりだ。それを少しアレンジを加えたりして、さりげなく高い技術を見せたりする程度である。

ゴールを変えれば、このように結果とプロセスが大きく違ってくる。ゴールの設定方法によって、その達成プロセスが変わり、同じテーマであっても取り組み方が大きく異なるということだ。

最高ラインよりも、最低ラインのほうが大事

もうひとつ、彼らの仕組みで参考にすべき重要な点は、レベルの高い集団にいると、最低ラインが上がるということがある。ある集団にとっては「難しくてできない」ことは、別の集団にとっては「全員が習得している最低水準」だったりする。

彼らのように、毎年全国大会に行くような集団では、新入部員として最初に目にし、耳

に触れるレベルが非常に高いはずである。そういう集団に入ると、人は自分が「もう少しうまくなるにはどうしたらよいか」ではなく、「あのレベルに達するにはどうすればよいか」を考え始める。技術的な目標がはっきりしていて、しかもそれが高いから、普通にやっていてはダメだということに早いうちに気づく。三年弱という期限があり、しかも課外活動だから、限られた時間をどう使うべきか、知恵を絞って工夫する。

周りより飲み込みが遅い人は、帰宅後や週末に練習をする。いわゆる〝残業〟だが、それを自主的にやる。そして、毎年その先輩たちの業績を越えることを求められ、それを達成していくのである。

このような集団に属していることは、それだけで大きなメリットがある。おそらく、入部したときの個人の技術レベルは、全国の他の高校生とあまり変わらない人が多いだろう。しかし、たった一年や二年の努力で、達成できることは天と地ほどの差ができてしまうのである。

高校生でさえ〝サービス残業〟をしている。残業したからといって、大会の演者に選ばれるとは限らない。あくまで自分のためだ。

一方で、ビジネスパーソンには残業なしがよいと思っている、あるいは残業はお金をもらわないとやれないと思っている人が多いが、えらい違いである。おそらくこういう考え方の人は、この吹奏楽部のようなところから来た入社三年目くらいの社会人に、仕事であっという間に追い抜かれるだろう。

「稼ぐ」に関する二つの質問

さて、本書はお金の習慣に関して考えていく。お金に関して考えるべきことは大きく分けて三つある。お金を手に入れる、手に入れたお金を使う、そして残す。お金をどう使うのか、そしてどう貯金していくのかは、手に入れたお金によって決まる。だから、最初にお金をどう手に入れるのかを考えていきたいと思う。その方法の基本は、働いて稼ぐことである。

最初に杉並高校の吹奏楽部の話をしたのは、お金の稼ぎ方を検討するにあたって重要な考え方が示されているからである。さて、それは何だろうか。

その答えについて記す前に、一旦あなた自身のことについて考えてみよう。

話を進めるにあたって、まずは質問を二つほどしてみたい。

最初の質問はこれだ。

問一　あなたは、お金を稼ぎたいと思っているのか、いないのか。

もちろん、ほとんどの人は「稼ぎたい」と答えるであろう。しかし、ときどき、私はお金を稼ぎたいとは思っていない、という人がいる。しかし、その理由を聞いて本音にたどり着くと、実はお金を稼ぎたいとは思っているのだけれど、お金に関して少しゆがんだ考え方を持っていることが原因で、そう答えているケースがある。

たとえば、「だって、お金稼ぐのって大変だし、疲れるじゃないですか」という答えがある。「では、大変じゃなくて、疲れなければ、どうですか」と尋ねると、「それで稼げるなら！」となる。つまり、手段や途中の過程が嫌なだけであって、本当はその人はお金を稼ぎたいということだ。そうであれば、手段や過程を変えればよいし、変えられなくても別の見方をすることによって、その悩みからは解放される可能性がある。

あるいは、「稼ぐには、悪いことをしないといけないから」という人もいる。お金を稼ぐことはよくないことであり、人をだましたり、余計なお金を使わせたりしなければならないからだ、というのがその理由だ。「では、よいことでお金を稼げるなら、どうですか」と尋ねると、「それで稼げるなら！」となる。先ほどと同様に、本当はお金を稼ぎたいということだ。悪いことをして一時的に稼げることもあるが、長続きする例はない。

他にもいろいろな「稼ぎたいとは思っていない」ことの理由はあるが、その過程に関して少しゆがんだ考え方を持っているだけであり、それらの理由が排除されれば、結局は「お金は稼ぎたい」というのが本心であると思う。

あなたはどうだろうか？　それでもまだ、お金を稼ぎたいとは思っていないのか？

もしそうであれば、すでに仕事で成功して十分に満足されていらっしゃるか、あるいは仙人のような方のいずれかだと思う。お金に関していえばすごく幸せな方である。

あなたは「お金を稼ぎたい」と思っている、ということでよろしいでしょうか。

では、次の質問だ。

問二　あなたが稼ぎたいお金は、どれくらいか。

我々が直面している多くの問題の良し悪しを判断するのは難しい。なぜ難しいかといえば、善悪を判断するには基準が必要で、その基準は人によって異なるからである。

たとえば、大手の人材派遣会社で営業の仕事に就いている三〇歳女性から、「私はこれからどのような勉強をしたらよいでしょうか」と質問されたとしよう。このような漠とした質問に答えるのは非常に難しい。キャリアカウンセラーのような職に就いている人は、もう少し具体的に絞れるよう質問するだろう。「結婚についてはどう考えていますか」とか、「営業の仕事は自分には向いていると思いますか」「何が得意で、何が苦手ですか」などである。

しかし、これらの質問はあまりうまいとはいえない。問題の根本にたどり着くための正しい質問は、「あなたはいくら稼ぎたいのですか」である。

すべては目標による

先ほどの吹奏楽部の教訓からもわかるように、どのような勉強をしたらよいかは、目標によってしか決まらない。他にも草野球を楽しもうという練習と、プロ野球選手になるための練習はまったく違う。中学高校時代なら、とりあえず卒業できれば十分という人の勉強の仕方と、偏差値の高い大学に入りたい人の勉強の仕方は違う。社会人も同様で、今の会社でクビにならない程度が目標の人と、年収三〇〇〇万円を目標にする人とでは、勉強のテーマもやり方もまったく異なる。

たとえば、ＰＣスキルが重要であり、とりわけエクセルだったら関数は一通り使えるようにして、できればマクロなんかも組めるようになったほうがよい、というアドバイスがあるとしよう。それは、年収五〇〇万円や六〇〇万円を目標にしている人には有効だが、年収三〇〇〇万円を目指している人には、現状の年収がたとえ二〇〇〇万円であっても、何の役にも立たないのだ。

何が問題なのかは、「目標を達成するために何が欠けているか」でしか決まらない。逆にいえば、目標がない人にとっては問題が何ひとつない状態にあるか、あるいは身の回りのありとあらゆることが問題に感じられてしまう。だから、どうでもいいことで悩んだり、怒ったりしてしまうわけだ。

目標は、仕事のやり方を規定してしまう。たとえば、あなたが腕のいいラーメン屋だとしよう。常に行列ができるほどおいしいラーメンを〝自分の手で顧客に届けたい〟という目標を持っているとすると、あなたが働いている時間にしか店は開けない。スープづくりの一番難しいところは絶対に人に教えることはなく、店は一店のみである。毎日ラーメンを作るのがあなたの仕事だ。一方、自分の作り出したラーメンを〝できるだけ多くの人に食べてもらいたい〟という目標を持っていれば、味の再現性を高めるための科学的な分析を行い、同じ味が出せて、よい店が切り盛りできる人材を育成することが毎日の仕事になる。どちらの人生も素晴らしいと思うが、目標はこれだけ大きな影響力を持つということである。

だから、「いくら稼ぎたいか」――ここでは、税込の年収で考えることにしよう――という目標を持っていることは、とても重要である。必要な能力は、あとでいくらでもつけることができる。仮でもよいから、今ここで目標を決めてみよう。

日本に住む我々は、最低いくら必要なのか

さて、あなたに目標年収を検討していただいたが、この先に進む前に、我々がこの日本で暮らすためには最低いくら必要なのかを見てみよう。

日本国憲法には、第二五条に「すべて国民は、健康で文化的な最低限度の生活を営む権

（単位：万円）

世帯構成	最低生活費 (A)	世帯所得（税込）(B)	手取り年収 (C)	余剰 (C-A)
単身	190	406	315	125
3人（夫婦+児童）夫のみ就労	288	688	520	232
3人（夫婦+児童）共働き（年収半々）	288	688	460	172

A：厚生労働省「最低生活費の計算と収入認定の仕組み」より作成
B：平成21年「国民生活基礎調査の概況」より作成
C：上記より、社会保険と所得税と住民税を控除

利を有する」とある。では、このような暮らしをするには、いったいいくら必要なのだろうか。

厚生労働省のウェブサイトには、生活保護法による最低生活費の試算がある。

必要な生活費は地域と世帯構成によって異なる。一例をあげると、東京都内に住んでいる男性の単身世帯の最低生活費は月額約一六万円、年間にして約一九〇万円である。また、夫婦と未就学児一人のそれは、月額約二四万円、年間にして二八八万円である。ちなみに、これらの額は「健康で文化的な最低限度」の生活をするために必要な額であって、その「最低限度」とは、ときどきテレビのバラエティ番組で見かけるような極貧生活を指している

わけではない。

一方で、実際の所得はどうなっているかというと、二〇〇九年度の民間企業に勤める人の平均年収は四〇六万円である。三〇歳独身だと仮定したときの手取り額は約三一五万円だ。最低生活費に比べると、一二五万円の余剰がある。

また、児童（ここでは、一八歳未満の未婚者）のいる世帯あたりの平均所得は約六八八万円である（平成二一年「国民生活基礎調査の概況」より）。先ほど例にあげた三人家族を、夫のみが就労し、給与所得者としてこの金額を得ている家庭であるとすると、この一家の手取り額はおおよそ五二〇万円であり、この世帯の年間余剰は二三二万円だ（参考までに、前ページの表には夫婦共働きで年収同程度、児童一人を持つ世帯の例を示した。共働き夫婦の例のほうが手取り額が少ないのは、妻も社会保険料を負担しているからである）。

我々の多くは、健康で文化的な最低限度以上の生活をしている。もちろん、この基準は法律で定められているだけのことであり、何が最低限度かは人による。だから、この最低生活費は、生活保護が必要な人以外にとってはあくまで目安にしか過ぎないのだが、重要な参考指標のひとつではある。私はここで最低生活費の金額の妥当性について論じるつもりはない。しかし、自分の学生時代や社会人になりたての頃はこのような消費水準で暮らしていたので、実感としてそれほど悪くはないという感覚は持っている。

しかし、多くの人たちは「苦しい」「大変だ」「心配だ」という。

お金による満足には上限がある

では、いったい年収がいくらあれば「苦しい」と感じなくなるのだろうか。アメリカの調査によると、人々の「幸福感」は、世帯所得七万五〇〇〇ドルあたりまでは収入に比例して増大するが、それを超えると頭打ちになるという（米プリンストン大学のダニエル・カーネマン教授と、同僚のアンガス・ディートン教授が、米世論調査企業ギャラップと二〇〇八〜〇九年にアメリカ国民四五万人に対して実施した健康と福祉に関する調査―Gallup-Healthways Well-Being Index）。

為替レートが乱高下しているので、日本円だとどれくらいの所得水準なのかイメージしづらいが、二〇一一年五月の購買力平価一ドル＝一〇〇円で見ると、だいたい世帯年収七五〇万円くらい、というところだろうか。

お金があっても心配事は減らない

ある程度収入が高くなってくると、生活の心配が減るかわりに、余計な心配事を増やす人がいる。収入がどれだけ上がろうと、〝消費〟の面ではつつましく暮らすのが一番よいのだが、つい余計なモノを買ってしまったり、かえって選択肢の幅を狭めたりしていることがある。

たとえば、夫婦共働きで世帯年収八〇〇万円の家庭が、ローンで総額四〇〇万円くらいの高級車を新車で買うようなケースである。高級車に限らず、車は一見手に入れやすく感じられるような価格に見せている。「金利一・九%キャンペーン。今なら月額三万円で〇〇に乗れる」となると、「普通の車に乗っても、月に二万円は払うから、飲み会を一回減らせば大丈夫」などと考える。実際は月額三万円だろうと、トータルでは四〇〇万円払うことに変わりはないのだが、とにかく欲しいからいろいろな理由を探して買う。

そうすると、屋根なし駐車場だと汚れて嫌だとか、フロアマットが汚れるから車に乗るときはスリッパに履き替えるとか、ぶつけないように細心の注意を払って運転するとか、余計な手間や心配事が増える。もともとをモノを大切にすることを重視していて、五〇万円の中古車であっても同じような扱いをする人にとっては余分な手間ではないのだが、「高いモノだから大切にする」という考えを持っている人にとっては、余計な心配事である。

また、知り合いで軽井沢に戸建ての別荘を買った人がいる。一度連れて行ってもらったことがあるのだが、これも私には面倒を増やしているようにしか見えない。

まず、東京から軽井沢までは一五〇キロくらいあり、道が空いていても車で二時間はかかる。到着すると、まず布団を干して、家の掃除を始める。二四時間換気システムとルンバ（自動掃除機）が常に稼動しているのだが、階段や机の上などはどうしてもホコリっぽい。一晩過ごして、翌日引き揚げる前もいろいろやらなければならない仕事がある。ゴミ捨ては当然のことながら、使ったリネンを洗濯しておいてもらうために電話して引き取りに来てもらう。水道を止めて、家全体を見回して戸締りをする。

持ち主は月に二回は来ているというが、私には面倒に思えてならない。それに、お金は十分にあるのだから選択肢が多いはずなのだが、かえって選択肢を狭めているような気もする。お金を持っている人でも、「使わなきゃもったいない」という気持ちはあるから、なるべくそこに行こうとする。月に二回遠出するなら、毎週同じところに行くよりいろんな場所に行って、ホテルや旅館に泊まったほうがラクだし楽しいのではないかという気もする。もちろん、あとで売却できるとはいえ、将来の価格はわからない。一泊数万円の旅館に泊まったほうが快適だし、泊まれる回数を考えると金銭的にはトクなはずだ。台風が来れば戸締りが心配になるし、停電になれば換気システムはきちんと再稼動するのかとやきもきする。

このように、お金を持つことによってかえって心配事を自分で作る人もいる。こういう人たちにとっては、別荘を所有していることが喜びであり、それらはうれしい心配事（?）なのかもしれない。とはいえ、お金がないといろいろと心配だが、お金を持つと別の心配事が生まれるから、結局何かに心配していることには変わりない。だから、人生におけるいろんな不安はお金の多寡では解決しないのではないかと思う。

あるいは、心配性、不安症な人はお金があってもなくても心配で不安であるということなのかもしれない。最低生活費以下の所得は健康面などでいろいろな問題が生じそうだが、それ以上の所得を得ている人や平均世帯所得以上を得ている人で、お金の不安や心配を抱えている人は、結局いくらお金があってもその不安はなくならない可能性が高い。

消費ではそんなにお金は使えない

前項であげた二つの例は、お金の使い方としては〝資産を買う〟ということだが、ある程度お金を持っていたとしても、実は一般的な消費だけで使えるお金には限界がある。月収が数百万円あると、好きなことは何でもできそうだが、そのようなことはない。

食事を例にとってみよう。三食すべて高級ホテルで食べるとする。朝食はビュッフェで三〇〇〇円、昼食はランチコース五〇〇〇円、夕食はディナーコース一万二〇〇〇円として、一日二万円だ。毎日かなり贅沢な食事をとっても、一ヵ月で六〇万円程度しか使うことができない。

加えて、太らない生活を考えたら、摂取カロリーは成人男性で一日最大二五〇〇キロカロリーである。先ほどのホテル食では、朝食ビュッフェとランチコースだけで簡単に超えてしまい、ディナーまでたどり着かないのだ。

他にも、消費支出はいろいろあるけれど、洋服を毎日新調して捨てるわけにもいかないし、毎日一席何万円もするシートで観劇する時間もなかなかとれないうえに、三六五日にわたって一年間楽しめるほど、コンテンツは豊富ではない。
だからいくらお金をたくさん使おうと思っても、日常生活で使える額は限られてしまう。

お金は評価である

ここまでは、日本で暮らすには最低いくら必要かを示し、多くの人はまだまだ余裕があるといった。また、お金があってもそれはそれで別の悩みがあり、たくさん収入があっても日常の消費ではそれほどの大金は使えないと述べた。

「いくら稼ぎたいですか」と尋ねたあとに、この話をしたのは、「生活を豊かにしたい」とか、「贅沢な資産を持ちたい」ことと、自分がどれくらいの所得を得たいかということとは、別に考える必要があるからだ。

あなたには、ボーナスがカットされたり、給料を下げられたりした経験があるだろうか。そんなにひどくはなくても、給料がここ数年まったく上がっていないことで悩んでいないだろうか。あるいは、自分の期待ほどの給料が払われないからと、転職を考えていたりはしていないだろうか。

実は、この三つの不満の源泉は、「自分が正当に評価されていない」と感じることである。給料の実額が多いか、少ないかではない。給料やボーナスが相対的に減ると「住宅ローンが大変だ」とか、「飲み会を減らさなきゃ」などという消費の仕方が変わる不安以上に、何となく自分自身の価値が下がってしまったような感覚に陥るものである。

逆に、昇進したり大きな仕事を成功させて所得が増えた場合には、受け取るお金自体が増えた喜びと同時に、何かを達成した、自分が認められたことで、自分の価値が上がったと感じる。

私は、この感覚――所得は評価である――を大切にすべきであると思う。

批判を恐れずにいうと、所得が低い人はここから目を背けようとする傾向にある。あるいは、自分はその程度の能力しかないからとか、あきらめようとする。しかし、それでは居心地が悪いから、それを正当化させる理由を探す。自分の中に原因を求めると悲しくなってくるから、世の中が悪い、会社が悪い、上司が悪い、頑張っているのに認めてくれないなどと、原因を自分以外に求めてしまう。さらには、所得は評価であるという考えは間違っていると、否定しようとする。なぜならば、そうしないと自分自身を肯定できないからだ。

しかし、こう考えてみてはどうだろうか。

――自分はまだ評価されていない。さて、これからどうしようか――

ここでようやく先ほどの質問に戻る。「いくら貯めたいから」「生活費がいくらだから」とか、「何かを買いたいから」というのは、一旦全部無視しよう。

「自分はいくら稼ぐ価値のある人間になりたいか」という質問に答えるのだ。

成功する人は、目標を他人の前で口にしないだけ

私の限られた人脈の中では、「老後のために貯金したい」とか、「生活費にいくら必要だから」「子供がいるから」「ポルシェを買いたいから」などといったモチベーションで所得を増やした人に会ったことがない。メディアでこのようなモチベーションを持つことをアドバイスする人は、稼いだ経験がないか、ウソをついているか、のどちらかである。それらと、所得の増やし方は別問題だからだ。

まず、稼ぎたい金額を決める。年収五〇〇〇万円でも、八〇〇〇万円でも、一五〇〇〇万円でも、五〇〇〇万円でも、金額自体はいくらでもよい。低いから意気地なしということもないし、高いから傲慢だということもない。そこは人それぞれである。

重要なのは、我々は強い目的意識を持つことによって行動が変わる。また、イメージできることしか実現できないということである。

いささか、怪しい自己啓発のような話をして恐縮だが、これは本当だ。一見スマートに働いているように見える年収一〇〇〇万円超の大企業のエリート社員も、何千万円も稼ぐベンチャー社長も、何億円も稼ぐ人気芸能人も、年俸何十億円のスポーツ選手も、みな同じである。成功したあとに、「僕はいくら稼ぎたいと思っていました」などというのは恥ずかしいから、「やるべきことをやってきた結果です」としか言わない。また、本当は血のにじむような努力をしてきたにもかかわらず、それを言うと「上から目線だ」「偉そうに」などと叩かれるのが怖い（というより、それに付き合う時間がもったいない）から、「ラッキーでした」程度のことを言う。さらに、まだ成功していない状況でも別の意味で恥ずかしいから、そういった具体的な目標については、他人に話さないし、第一まだ成功していないから、それを人から尋ねられる機会もない。

しかし、他人に話さずとも、内に秘めた目標達成に対する思いは強烈である。成功するには、しつこく目標に向かって努力するかどうかが重要で、もともと持っている能力はそれほど重要ではないと、よくいわれる。それは至極当たり前で、能力は努力する過程であとからついてくるものだからだ。

自分の話で恐縮だが、私もときどき「山崎さんは頭がいいから」と言われて悲しい思いをすることがある。その発言の真意は「あなたはできるけど、私はできない」という言い訳なのだが、それ自体が間違っていると思う。そういう彼・彼女は、たとえば文書やメールでよく漢字を間違える。漢字の話なんて細かい、と言わないで欲しい。私にも知らない言葉や読めない漢字はたくさんある。しかし、私はその場合〝必ず〟辞書をひく。ネットの辞書だから、調べる時間はかかって一〇秒だ。ひとつひとつは、たったそれだけの話である。しかし、それが毎日積み重なると、一〇年で三六五〇個以上の語彙差になる。もともと頭のいい人なんていない。勉強をする――わからなければ調べる、疑問点を放っておかない――結果として、頭がよくなるのである。

できないと思った時点で終わりだ。できるようになるためにはどうすればよいか、そこからがスタートだ。

2章

お金のために
すべてを変えろ

A wise man will make more opportunities than he finds.
——Francis Bacon

賢者は、機会を探すよりは、
むしろ自分で作り出すものである。
——フランシス・ベーコン　山崎将志 訳

どのような手段で稼ぐか

お金を稼ごう、それもできるだけラクをして、と考えたときに、多くの人がまず最初に思いつくのが、投資だろう。「これからは投資の時代」といわれ、株式、債券、投資信託、FXなど、いろいろな商品が我々一般人の目につくところで販売されている。しかし、ほとんどの人には金融投資はお勧めしない（詳しい理由は5章で述べているので、そちらを参考にしていただきたい）。

また、不動産投資も注目を浴びている。サラリーマン大家さんで成功している人もいると聞くが、手を出せる人の条件は限られており、これもお勧めできない（詳しくは一〇〇ページを参照していただきたい）。

よく、「経済的自由を手に入れるため」といって、こういった金融商品や不動産に手を出す人が多いが、始めるにはかなり勉強しなければならないし、始めたあとは、それこそ秒単位で入ってくる情報に踊らされて、本業どころではなくなってくる。

「空き時間でラクラクお金を増やす」なんてことはありえない。投下資金が少ないと、携帯電話代くらいを稼ぐのがせいぜいで、結果マイナスになることも多い。相場は波だから、上がったり下がったりするのが常である。しかし、お金を増やしたいと思っている人にとって、下がっている――マイナスになる――状態は、その金額以上のストレスがかかる。一万円の利益が出てもあまりうれしくないが、一万円の損が出るとストレスになる。そして、それに押し潰されてしまうため、結局はうまくいかないのである。

稼げる仕事と稼げない仕事

お金を稼ぐのに一番確実なのは、組織――民間企業や公共機関――に勤めて働くことであることは間違いない。しかし、普通にただ働いていても、なかなか自分の目標とする金額を稼げないことも、これまた誰もが知っている事実である。

ただし、多くの人が間違った認識を持っていることがある。それは、人の「スキル」に応じて給料が決まっている、ということだ。スポーツ選手や歩合の営業、私がやっているコンサルティング業のような、個人のスキルを売っている仕事は、スキル＋営業力＝報酬であるが、会社に勤めている社員にそれはほとんど当てはまらない。もちろん、同じ仕事でも評価によって差はあるが、その差は短期的には微々たるものである。

重要な点なので強調するが、会社勤めをしているあなたの報酬は、あなたのスキル以外の部分による影響のほうが大きいのである。


給料は、以下の三つで決まる。

① あなたが携わっているビジネス（市場規模、成長性、参入容易性など）
② あなたのポジション（社内での地位）
③ 職能（どういう業務を担っているか）

結論からいうと、給料を上げるためには、市場規模が十分で、成長の可能性があり、利益率が高い業界にいる必要がある。

そして、その中で高い地位に就く。それは、分け前を決める立場に近ければ近いほど、報酬が多く取れるという単純な理由からだ。

さらに、そのビジネスの中心的な業務を担うことである。それは、顧客と商品に直接関わる業務だ。

これらはあまりに基本的過ぎるのだが、基本的過ぎるがゆえに、見落とされがちであるような気がする。もし、これらのことを世の中の社会人全員が理解し、実践しているとすれば、「仕事にやりがいを持てない」とか、「働いているのは子供がいるから」といった、基本を外した悩みを口にする人は出てこないはずである。ここでもう少し詳しく見ながら、なぜそれが重要なのかを改めて確認していきたい。

三つの条件に当てはまらなければ、所得を増やすことはできない

① あなたが携わっているビジネス（市場規模、成長性、参入容易性など）

私の周りで資産を作っている経営者や、比較的高い給料を手にしている人たちを見ると、彼らが関わっているビジネスには明確な共通点がある。それらは、簡単に以下の点にまとめられる。

・成長している業界である。
・過去数年間伸びてきた会社である。
・業界トップ、あるいはカテゴリーでトップである。

・競合が少ない、あるいは弱い。
・規制産業である。

成長している業界にいる人は、あまり過去のことを考えず、未来のことを中心に考える。未来を考えるということは、すでに計画されていることをきちんと実行し、新しいアイデアを出してそれを形にすることである。過去のことを考えるのは、すでに起こったことの整理や分析だ。それをすることで、多少頭はよくなるかもしれないが、お金を稼ぐ力はあまりつかない。

一方で新しいアイデアを実行するのは、大変だ。それでも何とか結果を出すために試行錯誤する過程で稼ぐ力が身についてくる。さらに、成長業界は新しい人材が多く流入してきて、みんなで競い合う。競い合うといっても、どんどん市場が伸びているから、前向きな競争だ。決して足の引っ張り合いではない。だから、仕事自体が楽しい。頑張って楽しくやっている人たちには引力がある。その引力に引っ張られて顧客が増えるから、売上も利益も増える。こういうシンプルなカラクリがある。

だから、稼ごうと思ったら、まず成長している業界にいることは、とても重要だ。

また、業界トップにいるかどうかも重要なポイントだ。一般論として従業員の給与水準は業界の上のほうから決まる。なぜなら、業界トップ企業は商品やサービスの価格を決めることができる、すなわちプライスリーダーだからだ。二番手以降は、その値段に対抗しなければならないから、販売価格がどんどん下がっていく。またプライスリーダーは、商品やサービスの販売量が多いから、仕入れも安いし、効率も上がる。そのため利益率が二番手以降よりも高い。だから、従業員に配分される給料も高くなる。

別の視点では、競合が少ない、あるいはたくさんいても弱い、という業界もよい。こうした業界は、往々にして商品の品質やサービスレベルが低く、顧客が満足していない。既存の企業と違うことをやることで、何年かで業界トップになれることもある。

許認可が必要な規制産業も給料が高い。ただ、規制が撤廃されてしまうと急に競争力を失ってしまうが、少なくともそれまでは高い給料を期待することができる。

さて、あなたの勤める会社は上記のいくつに当てはまっているだろうか。ひとつも当てはまっていないとしたら、会社勤めの状態で他の人よりもたくさん稼ぐのはなかなか難しい。

②　あなたのポジション（社内での地位）

所得を増やすためには、配分を決める立場にいなければならない。

よく、ボロボロの町工場の社長がクラウンに乗っていたりして「何で？」と不思議に思うことがあるが、それができるのは、分配する立場にいるからである。あらゆるビジネスで、売上からコストを引いたものを人に分配する。一般論として、経営者はまず自分の取り分を先に取る。

さらにそのビジネスは、オーナーや経営者が自分でやりたくてやっていることだから、続けたいという気持ちが強い。業績が悪くなっても自分が辞めるとかではなくて、事業を存続させるためにリストラしていく。そこで業績が悪いからといって、自分の給料だけ下げるという発想は、基本的にない。もちろん、ほとんどの経営者は業績が極端に悪くなったら従業員の給料を先に払って、自分の分は未払いにするものだが、それはあとで業績を伸ばせば返ってくるという自信があるからだ。

大きな会社でも、程度の差こそあれ同じである。どこの組織にも管理職がいて、その管理職が部門内の配分を決める。小さな会社だったらオーナーや経営者が全員の給料を決める。規模が大きくなっていったら、給料の配分は管理職が決める。決める立場にある人が、一番多く取るのは当たり前だ。管理職よりもその下にいる社員の給料がいいというのは、基本的にありえない。なぜなら自分よりも給料が高い人に指示・命令は出しにくいからである。

プロスポーツのように、監督よりも選手のほうが給料が高いというような世界はあるものの、それは特殊である。常に給料は上から決まる。お金を分配する順番は、社長↓役員↓管理者↓社員になる。ずるい、とか言ってはいけない。そういうものだと受け入れるしかない。

③　職能（どういう業務を担っているか）

次は職能の話である。どういう職能が高い給料を得られるのだろうか。それは、ひと言でいえば会社の中で、どれだけ代わりのきかない仕事をしているか、という質問と同じである。

たとえば、中小企業の中に唯一のＩＴ技術者がいるとする。その人は辞めてもらっては困るから、給料に関してかなり交渉の余地がある。あるいは社長の裏金を含め、すべてを握っている経理担当者とか、会社の根幹をなすような顧客を開拓してきてグリップしている営業マンとか、あるいは商品開発で収益の柱になっている製品の基本的な設計技術をわかっている人。こうした、この人しかできない、いわゆるオンリーワンな人間には辞めてもらっては困るから、高い給料が払われる可能性が高い。

整理すると、稼げる可能性の高い職能は、以下の三つである。

・商品、サービスを売れる人。
・売れる商品、サービスを開発できる人。
・間接部門で自分にしかできない仕事を持つ人。

巷には「スキルアップ」と称される勉強や資格取得を目指している人を多く見かける。しかし、彼・彼女らはこと「稼ぐ力を身につける」という点においては、努力の方向性が間違っているのではないかと思うときがある。なぜなら、これらのスキルアップの対象は、簿記会計やオフィスアプリケーションの資格など、間接部門で役立つスキルが多いからだ。

もちろん、今までそういうことを習ったことがなく、最低限、事務職には就きたいから、あるいは職業人として幅広い教養を身につけたいという理由で勉強するならば、それはよいと思う。しかし、「人並み以上に稼ごうとして」それらの勉強をするのは、あまり意味がない。会社において間接部門で役立つのは、会社特有の事情をよく知っていることが重要だからだ。

念のため断っておくと、人柄がいいとか、コミュニケーション力があるとか、そういうのは、社会人としての前提条件だから、給料が上がる理由にはならない。いい人だけれど具体的な職能を持たない人は世の中にいくらでもいるから、競争力があるとはいえない。

もし、組織に属すことを前提として、給料を増やしたいと思っている人が、先述の三つに当てはまらないことをしているとしたら、それは努力の方向性が間違っている。

たとえば、成長市場にいる会社は忙しいから生活のバランスをとりながら働きたい、という考えではやっていけない。責任が重いのが嫌だから管理職はちょっと……という人は、給料は増えない。一般事業会社で、簿記や会計の勉強をしたり、TOEICのスコアを上げるために英語を学んだとしても、それが勤務先のコア業務と直接関係がなければ、所得を増やすことはできない。

もちろん、これらの努力自体は否定しないし、充実した人生を送るためにはよいと思うが、〝所得を増やす〟ことには貢献しない、ということだ。

所得を増やすためには、それに直結することに努力を集中させなければならない。規模が小さく、衰退している産業にいるのならば、〝ひとつの会社に長く勤めるべきである〟という価値観を捨てて、転職しなければならない。プレッシャーに弱い性格ならば、プレッシャーに打ち勝つトレーニングをする必要がある。TOEICのために英語を学ぶのではなく、自社商品を海外で売るための販路開拓に必要な英語を集中して覚えなければならないし、経理や法務の専門家になりたいならば、そういうサービスをコア業務にしている会社に移るべきである。

現実的にはいろいろな障害はあろうが、所得を上げるための本質はここにある。

なぜ年とともに差がついていくのか

私は今四〇歳なのだが、この年になると仕事のいろんな点で差がついている。その原因は何だろうか、とときどき考えることがある。

普通に考えれば、社会人スタート時の能力がほとんど同じだとすると、努力である。先ほどの漢字の例ではないが、細かいこだわりの積み重ねが大きな差になっているのは事実である。年当たり成長率一％の人と、五％の人がいるとして、二〇年過ごしたあとの能力は、それぞれ一・二倍、二・六倍になる。毎年四％余分に成長すると、二〇年で倍以上の開きが出てしまうということだ。

しかし、個人の努力以外の部分が、実はもっと大きいのではないかと思う。それは、成長産業あるいは、成長企業にいたかどうかではないかということだ。よくいえば、先見の明がある。悪くいえば、運である。

一見同じような仕事をしていても、伸びている市場にいる人の仕事と、そうでない人の仕事の質はまるで違ってしまう。たとえば、私はたまたま新卒でＩＴ業界にいたので、その経験で考えると、伸びている業界で仕事をしてきた人は成功体験を持っているし、「こうすればうまくいく」という仕事のやり方がわかっている。自分のやった仕事が短期間に結果に結びつく。面白いからもっと結果を出そう、結果を出すためには勉強もしよう、人にも積極的に会おうというように、自然に仕事力が高まっていく。伸びている市場にいると、そういう仕事の楽しさを見い出しやすいというのがある。

一方、伸びていない市場では、いろいろな壁に邪魔されて、なかなか成功体験が積める機会を得られない。仕事内容にしても、後始末的な仕事とか、閉店や統合の準備など後ろ向きの事務処理が多くて、気がついてみれば新しい仕事をしていない。そういう環境に長くいると、しだいに積極性が失われ、仕事に対して楽しさを見い出せなくなっていってしまいがちである。

もちろん、前者にも後者にも、これまでいろいろなチャンスや転機があったはずだ。しかし、その反応性のような部分にも差がついていて、過去に成功してうまくいったという経験が蓄積されている人は、チャンスがめぐってくると即断即決で「これをやろう」となることが多い。

一方、過去にそういう経験が積めていない人は、行動を起こす前に「うまくいかなかったらどうしよう」と考えてしまう。うまくいった経験に乏しいから、不安になってチャンスを逃がしてしまうのである。

我々の考え方は、環境によって大きな影響を受けている。だから、もし今、成功体験が不足していて、ネガティブ思考になりがちであれば、新しい環境を求めることはとても重要である。

留まるべきか、移るべきか

ビジネスに携わる人ならば誰でも、自分が関わっている業界がこれから伸びていく市場なのか、もう伸びていかない市場なのかを冷静に見ていかなくてはならない。

今にも崩れ落ちそうな市場にしがみつく理由はない。銀塩式フィルムのカメラはよく引き合いに出される例だが、イノベーションによってある日突然産業がなくなってしまったりすることは起きる。もちろん、それは文字どおり〝ある日突然〟というわけではなく、デジタルカメラの普及にしたがって徐々にだが、少なくとも「フィルムの写真と同程度の品質に見える画素数のカメラができれば……」とプロが思い始めたら、そのあとはもう早い。フィルムは過去の話だが、この先、その予兆が見えかけているものはたくさんある。たとえば、カーナビのほとんどは数年のうちにスマートフォンに置き換わってしまうだろう。

とはいえ、個々人の仕事を考えたときには、どういう選択肢があるのかは立場によって変わってくる。

大手の会社なら、いくらデジタルカメラ〝ばかり〟になってしまっても、一部の固定ファンにより、多少はフィルムカメラの市場が残っているから、そのままそれをやり続けるという選択肢もある。

四五歳で課長か部長をやっているくらいなら、定年までのあと一五年くらいいけるという見込みが立つ。あるいは、大手ならば別の事業部に行くという選択肢もあり、あせって退職する必要性は低い。

しかし、フィルムカメラにしか使わない特定の部品を作っていたり、現像のうまさを売りにしているビジネスを小規模に営んでいたりすると、かなり話は違ってくる。これからもっと市場が小さくなっていくうえ、自分に回ってくるパイも少なくなっていくわけだから、まじめに出直しを考えたほうがよいのではないだろうか。

結局のところ、我々が受け取る給料というのは、市場からのパイの分け前である。エンドユーザーが払ってくれた金額がいくらで、そこからコストを引いて、参加した人数で割る。それが給料だ。市場が小さくなっているのに、参加している人数が多ければ当然、給料というパイの分け前が少なくなってしまう。もちろん、やりがいや面白さも大事だが、将来的にパイの分け前をもらえる見込みがどんどん少なくなっていくのであれば、どうしようもない。自分がやっている仕事の市場規模とその中での会社の位置づけを見極めて、割り算をする。そして、最後に自分に回ってくるパイはどれくらいになるのか、そのパイを食べながら、五年先、一〇年先、あるいは四〇年先まで頑張っていけるのかを考えていくことが必要だ。

給料には上限がある

先ほど、〝組織に属することを前提〟として、所得を増やす方法について述べたが、良くも悪くもそれによって得られる所得には上限がある。次ページに業種別の平均年収を掲示したが、組織のトップになったとしても上限はだいたいこれらの五倍から一〇倍程度である。

総じてみれば、会社勤めのメリットは非常に大きい。

金額の多寡はあれど、毎月決まった額が自分の銀行口座に振り込まれる。最初は何もできなくても、仕事のやり方はいろいろと教えてくれる。失敗しても自分で穴埋めさせられ

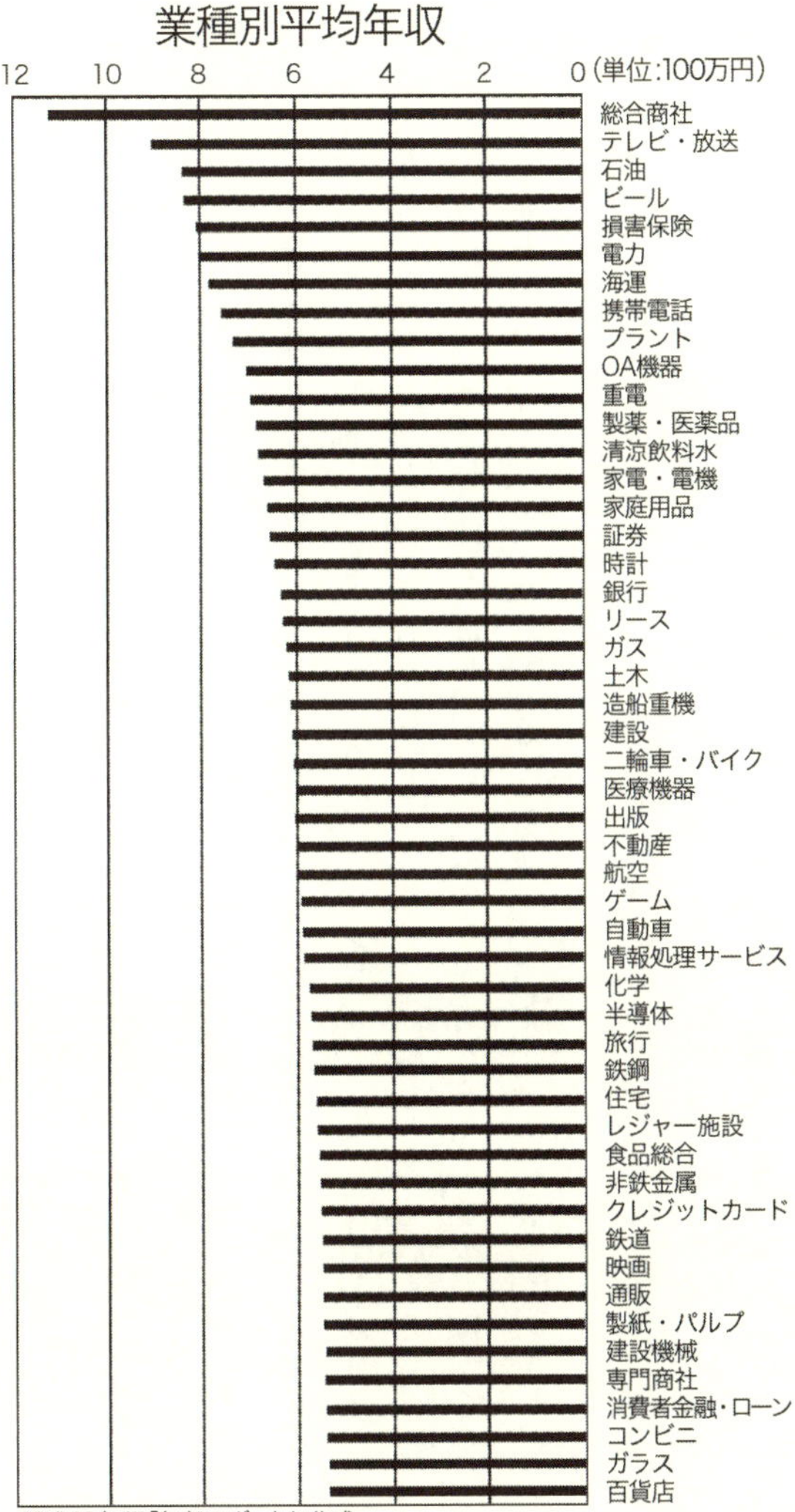

業種別平均年収
12
10
8
6
4
2
0
(単位:100万円)
総合商社
テレビ・放送
石油
ビール
損害保険
電力
海運
携帯電話
プラント
OA機器
重電
製薬・医薬品
清涼飲料水
家電・電機
家庭用品
証券
時計
銀行
リース
ガス
土木
造船重機
建設
二輪車・バイク
医療機器
出版
不動産
航空
ゲーム
自動車
情報処理サービス
化学
半導体
旅行
鉄鋼
住宅
レジャー施設
食品総合
非鉄金属
クレジットカード
鉄道
映画
通販
製紙・パルプ
建設機械
専門商社
消費者金融・ローン
コンビニ
ガラス
百貨店

平成21年版「年収ラボ」より作成

るようなことはほとんどない。これらは、毎月口座に給料が振り込まれることに慣れてしまうとあまり気づかないことではあるが、実はすごいことである。そのような、いってみれば保険のような仕組みと、給料に上限があることは、ある意味トレードオフの関係にある。

加えて、組織は規模が大きくなればなるほど、一個人の力量より、その会社のブランドや設備、潤沢な資金のほうが収益に貢献する割合は大きい。それゆえ、社員にはチームプレーが求められる。一見個人の成果に見えるようなことであっても、それはチーム、あるいは会社全体の成果であると認識されているし、実際そう認識されるべきものである。

こうした理由から、短期間に社員間で給与に大きな差（もちろん、多少差はつくが）をつけることは難しく、中長期的には、おのずと昇進という形で給料に差をつけていくシステムになる。

たとえばＩＴ業界に入って、きちんと成果を上げ続けることができれば、四〇歳で年収一〇〇〇万円は十分視野に入るし、五五歳で役員になれば三〇〇〇万円や五〇〇〇万円の年収を得ることは夢物語ではない。さらに、それなりの企業で役員まで勤め上げれば、任期満了後もいろいろなところから声がかかり、仕事には一生困らない。

しかしながら、年収一〇〇〇万円では夢が小さい、あるいはもっと早く大きな金額を稼ぎたい、という人もいるだろう。さて、そういう人はどうすればよいだろうか。

人並み以上に稼ぎたければ、自分でビジネスをやるべし

結論からいうと、自分でビジネスをやるのが一番よい。

野村総研の調査によると、金融資産一億円以上のいわゆる富裕層は日本に約九〇万世帯ある。日本の総世帯数約五〇〇〇万世帯の約二％である。これら富裕層に属する世帯主の二大職業は、医者と経営者である。この本の読者の大半は社会人であると想定しているが、すでに社会人の人がこれから医者を目指すのはかなり難しい。

しかし、ビジネスをやるには何の資格も要らないし、学歴もほとんど関係ない。もちろん、それらが必要な仕事もあるが、ありとあらゆるビジネスのほんの一部である。ビジネスの基本は「市場が欲しがる商品・サービス」を探して、「顧客を見つけて売る」こと。それは、チョコレートを作る仕事であろうが、弁護士や会計士のような仕事であってもまったく同じである。

この本質さえ見誤らなければ、会社で課長になるための労力と同等の労力で、同じような事業規模の組織を作ることは可能である。もちろん、会社をやるための努力と課長になるための努力では、その方向性は異なるのだが、投下時間は同程度だ。なにしろ、もともと一日は二四時間しかない。

また、結果として得られるものも異なる。企業では、「課長」という名刺。自分のビジネスをやっている人には、人並み以上のお金である。うまくやれば、大企業で課長の名刺を持つ以上の名声も得られる。

先述の三条件に当てはめて考えると、成長の可能性の高いビジネスで、配分を決めるポジションである経営者という職能をとることが、最も稼げる可能性がある。会社勤めの安定がなくなる一方で、所得に天井がない。後者を求める人にはお勧めであるし、なにより他に選択肢がない。もちろん離陸から大気圏を出るまでは、いろいろなことがある。しかし、会社で課長になるためにも努力が必要だから、せっかく努力するのであれば可能性が大きいほうに賭けたほうが面白いのでは、と思う人にはチャレンジをお勧めする。

こういうと、多くの人は「リスクがある」という。しかし、会社勤めでもリスクはある。両者では、リスクが〝違う〟だけだ。それも、たいしたリスクではない。いくつかそのリスク（と考えられる）意見について考えてみよう。

たとえば、「妻とまだ小さい子供がいます」という人がいる。しかし、これはビジネスを自分でやらない理由にはならない。自分の会社をダメにするような失敗をしたら、会社にいてもクビになるのは同じだ。会社をクビにならない程度の失敗であれば、自分の会社が潰れることもない。仕事は頑張りたくないけれど、生活費は必要だという人には会社勤めは最高だが、仕事を頑張りたい人には好きなようにやったほうが結果がついてくる。

「妻／夫が反対する」というのもよくある反論だ。しかし、実はやらない理由は伴侶のせいではない。伴侶ですら説得できなければ、将来の顧客や社員を説得することはできない。パートナーを説得できない、また理解してもらえない伴侶を選んでしまったという、自分自身の問題である。

あるいは、「僕にはそんな能力があるとは思えない」というのもある。これはそのとおりである。しかし、どんな仕事も実際にやってみないと自分にその能力があるかどうかは、永遠にわからない。経営者の仕事は特にそうだ。機会があれば能力はあとからついてくるものだ。

「お金がありません」という人もいるが、貯めればよい。明日から始めるわけではないのだから、計画すれば貯まる。逆に必要資金が貯められないほど意志が弱いのであれば、その時点で自分には向いていないことがわかる。貯金はあるが、家族の貯金はマイホームの頭金だという人には、家を買うために仕事をしているのかと聞きたい。もしそうならそれでよい。しかし、仕事で成功するために仕事をしているのであれば、マイホームを買うのは後回しにすべきである。マイホームはお金を生まないが、ビジネスへの投資はお金を生む。それにマイホームは贅沢品だ。贅沢品は儲かってからいくらでも好きなように買える。

加えて、ビジネスモデルがしっかりしていて、信用できる人だと見られていれば、必ず資金を出してくれる人が現れる。そのレベルまで考え抜き、人間性を磨くことである。

「出してもらったお金を返せなかったらどうするのか」。出資者はあなた個人の生活のために貸し付けるわけではない。会社に資本金として入れる。資本金はリスクマネーだ。もし失敗しても、それはそれで仕方がない。投資家は出資した分のお金を失うだけだ。一方で、あなたは信用を失う。そしてそれは無限大だ。それがわかっていれば、信用を失うことのないよう、最大限の努力をする。それによって、ビジネスは成功するし、投資家もお金を失うことはない。

最後に、仕事をよくわかっている人からの質問。「お金を目的に起業すると失敗するのではないか？」これはそのとおりである。しかし、最初の時点ではお金が目的でもいいと思う。そのうち、お金が目的だとビジネスがうまくいかないことが体験的にわかってくるから、その時点で反省すればよい。その反省をすると、急激にビジネスが伸びるものである。

ついに年収一億円を達成した友人

多くの人は元手がないから、元手が不必要なビジネスからスタートする。私の周りにはビジネスで自分の目標を達成した人がたくさんいる。彼らはすべからく目標が明確で、それに向かって努力している。目標が明確なゆえに、正しい努力をする。余計なことに時間や労力を使わない。本章の結びとして、昨年、目標であった年収一億円を達成したという友人の話を紹介したい。

彼は、新卒である金融機関系のシンクタンクに就職したのだが、三五歳のときに起業しようと考えた。大企業を辞めた理由や起業に至った理由はいろいろあるのだが、起業にあたっての目標を、「一人で年収一億円稼ぐ」としたという。本人曰く、まったくもって無謀な金額で、なぜ一億円なのか今でもよくわからないらしいのだが、目標は高いほうがいいと思ったのと、キリがよかったことからだという。

彼が最初に考えたビジネスモデルは「情報の自動販売機」。毎年新しい経営手法やテクノロジーが次々と出てきて、多くの企業やビジネスパーソンはそれをフォローするのが大変だろう。だから、そういったものを集約し、最新かつ良質なコンテンツを安価に提供できれば、市場はあるだろうと考えた。

しかし、いざ始めてみると、お金を払ってまで人が買う「情報」というのを具体的に考えても、まったくわからない。いろいろ作ってみるのだけれど、誰が買うのかわからないし、どう広告宣伝していいのかもわからない。仮に必要なコンテンツだったとしても、この会社は何じゃい、代表者はどこの馬の骨じゃ、となる。そもそも、ありとあらゆる情報のジャンルがある中で、仮に絞ったとしても、とてもじゃないが自分一人では作りきれないことが判明し、一瞬で破綻したそうである。

こんなことは始める前からわかりそうなものだが、何かを始めるときには熱くなっていて、なかなか冷静になれないものである。かくして、セオリーどおりプランA（最初に考えたプラン）はあえなく頓挫。

次は、プランBで目指せ一億円

仕方がないので、これまでの人脈を頼ってコンサルタント業を始めたという。しかし、これではシンクタンクにいたときとやっていることはまったく変わらないし、むしろ営業からデータ分析・資料作成まで一人でやらなければならないので大変。どう頑張っても月に売上三〇〇万円程度が上限で、しかもそれらはすべて直接労働の対価なので、長くは続かないことが判明。月に三〇〇万円も売上があれば十分じゃないか、とも思うのだが、年収一億円という目標から考えると足りないという。それで、あっという間にこれも失敗の烙印を自ら押した。

次の年収一億円モデルは何だ？　そう思って考えたのが、研修講師である。ある会社の研修講師を少し手伝ったところ、これはなかなかいいビジネスモデルだな、と感じたらしい。何がよいかというと、二〇〇五年頃の話で景気も上向きつつあり、大手企業が主催する研修は予算があって、それを誰に頼むかがポイント。だから、自分に予算が回ってくるようにビジネスモデルを組み立てればよいだけだから、これはラクでいい。ただ、単純に他の会社が受注した研修の講師をやっていても講師料は安いので、自分の顧客が必要である。彼は前職で営業をやったことはないし、そもそも苦手意識があるので、マーケティング発想でいくことにしたという。

つまり、こちらから売りに行くのではなく、向こうから買いに来る仕組みづくりである。研修の定価は一日八〇万円程度に設定した。市場で価格が五段階あるとすると、高いほうから二番目くらいのレンジで、べらぼうというわけではない。そうすれば、月に一〇回企業研修をやれば八〇〇万、一二ヵ月で一億弱だ！ ヨッシャと意気込んだ。

最初にやったことはブランディング。メディア活動から始めた。まずは、雑誌社を回ったところ、いくつかのメディアが面白がってくれて、原稿を書かせてもらう機会を得た。あわせて、SEO対策（検索エンジンで自分のページが上位に表示されるようにすること）も独学で相当勉強した。ブログを書いたり、紹介ページの内容をSEOで最適化したりと試行錯誤していたら、グーグルで関連する研修のテーマが検索ワードでトップになる。これは、かなり当たったそうだ。一年くらいは忙しく講師業を楽しんでいたという。

ピン芸人で一億円は無理でした

ところが、やっぱり一億円の売上は作れなかったという。そもそも八〇万円／日の研修を頼む会社は限られていて、ボリュームゾーンは三〇—五〇万／日。一日五〇万だと月に一六回やらなければならない。

当たり前だが八時間の研修講師をやると、ものすごく疲れる。のども痛いし、腰は重いし膝もがくがくだ。二日連続でやった日には、翌日は休まないともたない。さらに、説明やデモンストレーションなどが必要なお客もいるので、毎日売上を上げることはできない。結局、最高に売上がいった月も五〇〇万円止まりで、しかもその月は疲労困憊で抜け殻になってしまったという。

彼はやっとここで思ったそうだ。「別に一億円稼ぐ必要はないのではないか。このままやっていけばそこそこはいけそうだし」ということで、研修講師と書籍の執筆を生業としてやっていこうと、一旦は落ち着いた。

しかし、それから三ヵ月くらい経ったある日のこと。とある企業の研修センターで、彼の講義の隣室で「マネジメント研修」が行われていた。クライアントの担当者に聞くと、そのマネジメント研修は同じ講師が一五年くらいほぼ同じ内容でやっているという。いい商売だなと一瞬思ったのだが、どんな講師だろうと見てみると、かなりくたびれたスーツを着たオッサンだ。いやぁ、自分は一五年も同じことができるとは思えないし、そのうち自分もくたびれた感じになるだろう。それに、どうひいき目に見ても社員がいなさそうな社長で、「マネジメント研修」はないだろう……。

「四〇歳で部下がいない人は信用できない」と巷でよくいわれている。そのときの彼の年齢は三七歳だったが、今の仕事を続けていればこうなるのは明らかだった。なにしろ自分しか食えないビジネスモデルである。

一人で仕事することに飽きてもいたという。やっぱり仲間と和気藹々というのが必要だし、若い人が入るなど新陳代謝がないと腐る。四〇歳までに残された時間は少ない……ということで、「ピン芸人で一億円」という目標はここで断念。

やっぱり〝事業〟が必要

講師業で生計を立てようと決めたあと、彼は休みの時間をいろんな事業開発にあてたという。市場はｅコマースに注目していた。少々参入は遅かったのだが、何か勝機はないかといろいろ研究した。

その頃彼が考えたのは、こんなことだ。大手は何億円もかかる自社のＥＣサイトを自社で開発することができるが、中小零細企業はそこまでの投資ができない。そのため、彼らはヤフー！ショッピングや楽天市場に出店するのだが、そのままでは価格競争に飲み込まれて埋もれてしまうし、それらのショッピングモールで表示順位を上げようとすれば、どんどん広告費を払わなければならず、結局儲からない。それに、顧客情報はヤフー！や楽天が管理しているから、自由度も低い。だから、やっぱり自社サイトを作ろうという結論になる企業は多いはずだ。

独立して個人事業でソフトウェアを作っていた友人に声をかけて、中小企業向けのＥＣサイトを開発し始めた。ＥＣ初心者向けではなく、ヤフー！や楽天を使い慣れた企業向けに、ほぼ同等の機能を提供するシステムだ。この開発に、彼は研修事業で得たキャッシュフローの大半をつぎ込んでいた。

ぼちぼちとクライアントが獲得できるようになると、問い合わせの対応が大変になってきた。技術的な問い合わせはＳＥ（システムエンジニア）の友人が対応するが、それ以外は彼が答えなければならない。彼は研修の休憩時間でも、ずっとメールの返信をしていたそうだ。

システムのリリースから半年くらい経つと、あるＢＳの経済番組が取材したいと言ってきてくれた。その頃は、門前仲町のワンルームマンションを事務所にしていたのだが、さすがにこれでは格好がつかないということで、急遽、港区の居抜きですぐに入れる事務所を探して契約した。中古のコピー機や何やら、突貫工事で新事務所に運び込み、撮影当日は、何人もの友人に声をかけて態勢を整えたという。

それをきっかけに、この事業に軸足を移すことにしたところ、事業は順調に伸び、ついに年収一億円を達成したというのである。

会社の売上はと聞くと、四億円だというから、それで一億円はいかにも取り過ぎじゃないか、と私が突っ込むと、彼はこう答えた。

「たしかに、この売上で一億円は取り過ぎだというのはわかっている。でも、自分はそれを達成しないと納得しないのだから仕方がない。でも、その過程でいろいろわかったことがある。

前の会社にいた頃は、自分のスキルアップや儲けのことばかりに興味があった。しかし、今はそんなことはどうでもいい話になってしまった。売上を安定的に上げ、ビジネス領域を広げ、一緒に働く仲間が自己実現するにはどうすればいいか、そのことに興味の中心が移っている。相当自分勝手だった自分が、こう考えるようになったこと自体驚きだ。しかし、自分勝手を極めようとして失敗しまくったおかげでもある」

お金と仕事

ここまでは、ポジションや業界など、稼げる仕事について話してきた。さらにお金を稼げる考え方を補足すると、これはひとつしかない。それは、たくさんの人を喜ばせることである。よくいわれるのが、売上はどれだけたくさんの人に受け入れられたか。利益はどれだけたくさんの人に喜んでもらえたか。それぞれの手段については、なかなかひと言ではいえない。なぜかというと、私たちが知っているうまくいくやり方は、すでに他の人がやってしまっているから。同じことをやっても、その人以上にはなれない。

しかし、こうするとうまくいかないというのはある。あるいは、私が知っている中で、自分がこういうふうにやってきたことがあるという事実を話すことはできる。だから、あなたが何か行動を起こそうとするときに、儲からない考え方をしているとすれば、その反対をやればよい。ただそれは、儲からない考え方から脱却できるだけであって、それによって儲かるというわけではない。不満を解消しても満足を得られないのと同じように、裏返しのようで裏返しではないことが実はよくある。

満足を感じられない出来事と不満足を感じる出来事は違う。たとえば、会社の方針が気にいらないとか、監督者との関係が気にいらない、あるいは労働条件が不満だ、給料が不満だ、同僚との関係が不満だ……、これらのことを衛生要因という。しかし、これらが解消されたからといって満足はいかない。不満がなくなるだけであって、満足にはならないのだ。

満足を感じる出来事とは何かを達成したときとか、受け入れられたとか、仕事そのものが面白いとか、責任がはたせたとか、昇進したとか、自分が成長したとか、こういうことが満足であって、衛生要因の解決とは全然関係ないことなのだ。

うまくいくいかないも同じで、うまくいくやり方は、うまくいかないやり方の反対ではないのである。

桃栗三年、柿八年、日本地図は五五歳から

本章の後半部分は、起業の勧めのようなことを中心に書いてきたが、念のため再度断っておくと、私はあらゆる人に起業を勧めているわけではない。これを勧める前提は「人並み以上に稼ぎたいなら、消去法で起業以外の選択肢はないですよ。その方向に進むとしても、あなたが思っているほど難しくはないですよ」と言っているに過ぎない。会社勤めの人生も同様に楽しいと思う。それに、学校の先生やお金のかかる技術開発など、そういった仕事が好きなのであれば、既存の組織に勤めていないとできない。要は目標と好みの問題なのだ。

ジョン・F・ケネディが「この一〇年のうちに人類を月に送る」という有名なスピーチをしたのは一九六二年のことである。それを聴いて感動した大学生たちができたてほやほやのNASAに入り、アポロ計画の月面着陸を成し遂げたのはそれから七年後の一九六九年のことである。そのときのエンジニアの平均年齢は、二八歳だったという。

これを拡大解釈すれば、七年努力すると、とてつもないことができる可能性があるとい

うことだ。普通のビジネスなら、三年間一生懸命やれば形になる可能性が高い。桃栗三年、柿八年とはよくいったものだ。

また、年齢もあまり関係ないと思う。二八歳でもいいし、五〇歳を超えていてもいいと思う。江戸時代に日本の実測地図を初めて作った伊能忠敬が測量を始めたのは、五五歳のときである。それから一七年かけて完成させた。最近では、レイ・クロックがマクドナルドを始めたのは五二歳だ。

大成功者の例はほんの一部だが、チャンスは誰にでも、いつでもあるのではないか。それは、目標が壮大であるか身近であるかに関係ないのだ。

3章

お金を稼ぐ人の時間と頭の使い方

金がないから何もできないという人間は、
金があっても何もできない人間である。
——小林一三

稼ぐ人と稼げない人の時間の使い方は、どう違うのか

ここまで、目標設定とそれを達成するプロセス、仕事の選び方の重要性について見てきた。ここからは、我々はどのように時間を使ったらよいかについて考えていきたい。私は、さまざまな企業やメディアとの協業でホワイトカラーの時間調査を数多く実施している。その結果を見ると、稼ぐ人と稼げない人の時間の使い方は、明確に異なっていることがわかる。ここで、それらを紹介していきたいと思う。

稼ぐ人と稼げない人の時間の使い方は、どのように違うのか。その答えを探るにあたっては、仕事自体が人間に求める時間の使い方の差を見ればよい。賃金の低い仕事はインプット→プロセス→アウトプット、つまり仕事の枠組みが明確化しやすく、定められた時間が来れば終わることができる。また、本人の努力も、その仕事の枠組みの中での生産性向上にしか影響を与えない。

一方で、賃金の高い仕事は、仕事の仕組みそのものを作り出す、チームをマネジメントする、あるいは新たな取引を成立させる、新技術や商品を生み出すなど、時間当たりの生

産性が測定できない類のものである。そうした仕事において、賃金は、時間ではなく成果と交換されている。より優れた成果は、際限なく追求できるがゆえに終わりが決められない。結果的に、多くの時間を仕事に投入することになる。

稼ぐ人は仕事への投入時間量が多い

後者の人たちにとっては、人生のプライオリティはまず仕事である。稼ぐ人は仕事への投下時間の絶対量が多い。さらに、休日であっても仕事をしていることがあり、オフや仕事以外の時間でも、仕事のことや新しいアイデアを考えていることが多い。

一方で、オフや仕事以外の時間は、趣味やリフレッシュのために使うと決め、仕事を持ち込まないようにしている人は、稼げない人ほど多い傾向にある。プライベートと仕事を明確に分けると、あまり稼げるようにならないようである。

稼ぐ人は、仕事が終わらないときは、家に仕事を持ち帰る傾向にある。最近は情報管理上、仕事の持ち帰りを禁じている会社も増えているが、家でもできる仕事をうまく選り分けている。たとえば、一人で考える仕事はどこでもできるが、他の社員との協業や、社内の情報へのアクセスが必要な仕事は職場でしかできない。仕事の組み立てを考える時点で、そうした仕事の特性を踏まえて計画しているのである。

また、家で仕事ができるということは、自宅にそのような環境が整っているということである。環境というのは、仕事部屋など物理的なスペースの有無だけでなく、家族の理解と協力が得られている点である。逆にこれらのマネジメントがうまくできているからこそ、高い年収が得られているとも考えられる。給料が増えたら書斎を持ちたいという声をときどき耳にするが、高年収を得ている人は給料が安いうちから自宅に仕事ができる空間として書斎（もしくは書斎となりうる空間）を持っているものである。

時間配分

稼げる人はほぼ例外なく、一日二四時間を何にどれくらい使っているかをおおよそ把握している。また、一日を一五分、三〇分などの単位で区切り、ひとつひとつの仕事をその時間までに終わらせるように意識している傾向にある。どのような問題解決をするにも、現状に対する正しい理解が必要だ。効果的な時間の使い方を考えるにあたっては、まず自らの時間配分の全体像を把握しなければならない。そして、ある仕事を完了させるのにどの程度の時間を投下しているのかと同時に、一定の時間の中で自分が何ができるのかを知っていなければならないのである。

さらに、一週間という区切りで見ても時間配分を綿密に考えている。一日の時間を把握していれば、その足し算が一週間なのだが、話はそう単純ではない。一週間のうちで、その曜日にやると決めていることがあったり、一週間の曜日の使い方を、曜日により変えていたりする。もちろん定例会議などの外的要因によって規定される部分もあるだろうが、自分の中でのメリハリと、仕事相手との関係性を考慮して自分で決められることも多い。一日の中でも、食事のあとには単純作業的な仕事から始めたりするように、一週間という時間枠の中でも、水曜の夕方は簡単に終わる仕事をまとめて片付けて早く帰り、集中して考えるのは木曜日と決める、などがメリハリである。また、月曜日の午前中は、取引先や社内の関係者がデスクにいることが多いから、アポの調整にあてる、といったことが相手を考えた一週間の時間の使い方の工夫である。

ＴｏＤｏリストを作る

イメージしていることと実際にしていることは異なるものである。ＴｏＤｏリストを作るのは仕事の基本動作のひとつとして誰もが知っていることであるが、実施しているかどうかはまた別である。稼げる人の大半は、その日にやるべきことのＴｏＤｏリストを作り、その際、それぞれの作業にどのくらいの時間がかかるかを考えて、時間の見積もりを立てている。また、特に、仕事のプライオリティを考えるためだけの時間を、仕事の前に確保することを重要視している。

また、朝の時点ではできると思っていた一日の仕事が夕方になっても半分も終わっていない、三〇分程度でできると思っていた仕事が、結局二時間かかっていた、昼間やろうと思っていたことを夕方になって思い出した、などというのはよくあることだ。だから、彼らはＴｏＤｏリストを作るだけでなく、いつまでに終えるか、期限をつけている。ＴｏＤｏリストを作るにあたっては、期限を設定することが欠かせないが、加えてかかる時間を見積もることも必要である。ＴｏＤｏリストは、まず仕事の大きな単位で作るものであるが、個々の仕事を始める前にもう一段細かい作業計画を立てる。つまり、個々の作業時間を正しく見積もるとよい。

以前、あるテレビ番組の企画で料理にかかる時間を調査したことがあるが、漫然と作ると一時間三〇分かかる献立は、時間配分を変えると五〇分で作ることができる。野菜を切ってゆでる、ハンバーグをこねて焼く、などの作業単位時間を正しく見積もり、自分の手が空いた時間に他の作業を重ねていくことにより、短縮できるのである。仕事に置き換えれば、自分以外の人からのアウトプットを待っている時間に何をするのかを計画し、そのために他人への作業依頼をどの程度前倒しでする必要があるかを綿密に計画することで、時間の使い方が大きく変わるということである。

集中できる時間を作り出す

仕事時間の中でも、成果が出せる時間は本当に限られている。一流はその貴重な瞬間に集中力が発揮できるよう、準備を怠らないものである。

極端な例では、プロゴルファーの石川遼選手が二〇一〇年のシーズンに試合でボールを打った時間はわずか一六時間である。一年の総時間のわずか〇・二%のために、練習、道具の手入れ、食事、睡眠などにあれこれと工夫している。また、試合中であっても集中力を維持するためのコツや、切れた集中力を取り戻すスイッチを持っている。これらのことは、ビジネスパーソンにとっても大いにあてはまる。だから、一日のうちで、自分が最も集中できる時間帯、場所を把握し、積極的に活用することが重要である。また、集中力が切れたら別の仕事をやる、あるいは場所を変えるなどして、仕事の続きに集中できる工夫をする。

高年収を得ている人は、成果を出すためにいかに集中するかを重視して仕事に取り組んでいるのである。自分のパフォーマンスを最大化するための環境を経験的に知っていて、自分なりの集中モードに入るためのコツを持っているのだ。

相手のことを考える

稼げる人は、自分が仕事を受けた際、納期を必ず伝えるよう意識している傾向にある。その際、具体的な日にちだけでなく、「〇日の〇時」と時間も伝えている。このような傾向は、自己を律するだけでなく、仕事相手の成果を重視する姿勢を持っていることの表れである。

また、仕事を頼まれたとき、その時点で、渡された資料などには、チラッとでも目を通すことを習慣づけている人も多い。これは、一見何でもないように思える行為だが、二つの点で注視すべきポイントがある。

ひとつは、「アウトプットのイメージを共有する」ことが仕事を受けた時点で最も重要だからである。軽く受けたはいいが、納期直前に作業を始めたら、実は相手が何を求めていたか正確に理解していなかった、となるともう手遅れである。受けてすぐであれば、確認の猶予があるのだ。もうひとつは、潜在意識の活用である。たとえば二週間先の納期で、一日で終わるとわかっている仕事があるとしよう。仕事ができる人は、チラッと見ておけば、実際に着手したときにはもう完成しているという状態になるまで、脳が働いてくれていることを、経験的に知っているのである。

すでに何度も述べているとおり、稼ぐ人の目標は高い。目標が高くなればなるほど、巻き込むべき人の数は幾何級数的に増えていく。従業員一〇〇〇人の会社のトップがマネジメントする時間は、自分が持っている二四時間ではなく、二万四〇〇〇時間である。マネジメントといっても、あれこれせよと作業管理をするのではない。巻き込んだ人に対するリスペクトを前提に、彼・彼女がそのときどきの成果を出すと同時に、中長期的な成長ができるかどうかという視点が求められる。大企業のトップでなくとも、考え方は同じである。

だから、高年収者は常に、他の人へのお願いを先に、個人の仕事はあとでやる。また、人に仕事を頼むとき、細かい内容が決まっていなくても、まずは概要を伝え、相手のスケジュールを押さえるようにしている。これは、高年収者が仕事を頼む相手も高年収なことが多く、先述の潜在意識の活用や相手へのリスペクトなど、同じようなワークスタイルを共有していることに加えて、相手も忙しいから早く言わないと、そもそも時間を確保してもらえないという物理的な要因も大きいのである。

だからこそ、納期も重要だ。仕事を頼む際は、社内の相手であっても、納期を必ず伝える。その際は、日にちだけでなく、時間も指定するのだ。私もときどき、「金曜までに」と言われて、金曜の朝なのか、夜なのか確認しなければならないことがある。依頼するときには、日だけでなく時間に至るまで、具体的に数字で示すほうがよい。

マトモな環境は重要だ

1章の杉並高校の例で集団が持つ最低基準の重要性について述べたが、ここではその話の逆を考える。あなたの所属する組織には、彼らのような環境があるだろうか。つまり、情熱的な指導者、顧客思考の高い目標、高い品質基準、結果を出すために努力する仲間のいる環境である。

もし、そういう環境にいるならば、あなたは本当に幸せだ。仕事をするには最高の環境である。しかし、前述のポイントどれひとつとして当てはまらない職場で働いている人も多いだろう。

仕事はただの世をしのぶ仮の姿で、とりあえず人並みの給料がもらえればよい。本当の自分は別のところにあると考えている人にとっては、上記とは逆の環境はありがたいだろう。少なくとも、会社が潰れる（そんなに遠い将来ではないが）までは、仕事がある。

しかし、自分は成果の出せる人間になりたい、もっと稼げる人間になりたい、と本気で思っている人は、別の環境に移る必要がある。もちろん、今いる環境をもっとエキサイティングにするよう周りに働きかける、つまり自分が中心になって〝会社を変える〟ということを進める手もある。それは、理屈上は正しいけれど、現実にはほとんど無理である。まずは自分の周りから変化を起こそうという人がいるが、あなたがまだ一社員やせいぜいマネジャークラスである限りは難しい。

なぜなら、会社は社長が変わらなければ、絶対に変わらないからだ。しかし、社長を変えることはできない。社長は今のやり方が好きで、それがいいと思ってやっている。何で社員にそんなこと言われなきゃならないのだ、というのがまずある。その考え方をあなたが変えるのは、地球を反対に回すくらい大変だ。

大手企業であれば、まったく違う事業部やプロジェクトに早く移ったほうがよい。中小企業であれば、転職だ。なに、心配しなくていい。世の中には会社が何百万社もある。働き口はいくらでもあるのだ。ただし、ダメ組織で働いていた人が、優れた成果を出す組織に転職するのは、とても難しいということは言っておきたい。なぜなら、あなたの考え方はダメ組織のそれに、大いに染まっている可能性が高いからだ。

品質基準を高めよ

別の拙著にも書いたことがあるが、私は中途採用をするときに必ずインターンをやってもらっている。書類選考と面接を通った方には、インターンと称して半日から一日一緒に働く機会を設けている。なぜこのような一見面倒に見えることをするかというと、このほうが長期的に見て応募者にとっても我々にとっても、お互いにメリットがあると考えているからである。なにしろ、人は一緒に働いてみないとわからない。我々は、その人のスキルや性格、仕事のスピード感や段取りなどがどれくらいの水準にあるのかをチェックできるし、応募者も会社がどんな雰囲気で、どんな人がいて、どのような仕事の振られ方やレビューのされ方をするのかを確認できる。

そのインターンで、何十人もの人と一緒に時間を過ごしてきたが、人によって自分の中にある〝品質基準〟がまるで異なることには、驚きを隠せない。

たとえば、履歴書の保有スキル欄に「オフィスソフト」とか、「エクセル」「パワーポイント」などと書かれている。面接をして話を聞くと、「経営企画部で業績の管理をしていました」「営業推進課で営業担当者が使う資料を作っていました」など、普通に仕事ができそうなことを言う。しかし、インターンの中で実際にやってもらうと、「これでできるって言うか？」というアウトプットが出てくることがある。

たとえばエクセルでは、単にアプリケーションを開いて、セルの中に数字や文字を打ち込んで、名前を付けて保存することを「できる」と言っている人もいる。あるいは、パワーポイントが使えるというので、ちょっと資料を作ってもらうと、得られた情報を整理もせずただ並べ、大きな字で箇条書きにし、ヘンテコなクリップアートでお茶を濁したような資料を作って「できました」と言う。

「できる」にも、本当にいろいろなレベルがあるものだ。私の仕事の品質が厳し過ぎるのかもしれない。世間一般の仕事の基準はそういうものかもしれないと思いつつも、一方では、これでは自分たちの顧客の要求する仕事の品質が担保できない。こちらはのどから手が出るほど人材が欲しいから、採用してから育てればよいかなと考え、細かいことには目をつぶって採用することもある。

しかし、二〇代後半以降で、先述のレベルで引っかかる人は、なかなか使いものにならない。それこそ、マンツーマンで一日四時間、三ヵ月間付きっきりで手取り足取り仕事を教えても、まともな仕事ができるようになるのは稀である。残念ながら我々にはそんなに時間をかけて教育する余裕がないから、結局は一ヵ月くらい頑張ってあきらめてしまうことになる。

なぜ、一ヵ月も時間をかけて付きっきりで教えても、なかなかものにならないのかというと、彼・彼女らの深いところにある、これまでの仕事人生で築かれてきた仕事のレベル感や品質基準がなかなか変わらないからである。エクセルの関数や、プレゼン資料の構成やキレイな見せ方といった技術を教えることはできる。しかし、低い目標に慣れきっていたり、それが達成できなくても何の問題もないような環境にいた人は、それらの作業の先にある本当のよい仕事ができないのである。

残念臭を徹底除去せよ

少々厳しいことを書いたが、隣の笑い話ではない。もしあなたが、「社長がダメで」とか「上司のレベルが低い」とか、「周りがやる気ないヤツばっかり」、とこぼしているとしたら、かなり高い確率であなたも同じようなレベルであると疑ったほうがよい。

往々にして、成果が出ない人の周りには、似たような人たちが集まる。逆に、仕事ができる人の周りにも、同類が集まる。レベルの違う人たちは、ときどきはお互いに接触はあるものの、残念ながら長い期間にわたって交流が続くことはほとんどない。

それでも、仕事ができるようになりたい、稼げるようになりたいのであれば、よい環境を手に入れる必要がある。しかし、急に運よくよい環境が得られても、なじめずに弾き飛ばされてしまうリスクもある。なにしろ、仕事ができる人は忙しいし、仕事が終わったら自分の時間を大切にしたいものだ。

残念臭が染みついていると、すぐにわかる。スマートなスーツを着て表情を作っても、一日一緒に働けばその仮面の中身は明らかになってしまう。そして、その臭いはなかなか取れないし、その臭いがついたまま新しい匂いを加えることもできない。だから、しっかりとその臭いを取る努力を始めなければならない。

今のやり方に満足していないのであれば、その延長線上に満足はない。だから、今のやり方を一旦見直し、方向転換しなければならない。

まず、第一にすることとは、今付き合っている友人との付き合いをすべてやめることである。行きつけの飲み屋も、週末に参加する草野球チームにも行くのをやめる。彼女・彼氏とも別れる。住まいも移す。経済的な状況が許すなら、現在の勤め先は周りに迷惑をかけない程度にできるだけ早く辞める。もし経済的に難しいのであれば、たとえば半年後、一年後など、退職する日にちを具体的に決める。

趣味もやめてしまう。往々にして、仕事ができる人は趣味を持っている。それは、趣味を極める過程で、仕事に活かせる考え方が身につくからである。しかし、今趣味はあるけれども、仕事ができないという人は、趣味に対する取り組み方が間違っている可能性がある。趣味だから好きなように付き合えばよいというものではない。そう、趣味にも取り組み方があるのだ。今のあなたの趣味は、たぶん中途半端だ。一旦封印しよう。

その先にやることは、どんなに小さくてもよいから、商売をしてみる。商売というのは、モノやサービスを通じて顧客と直に接する経験をすることで、自分の足りない部分に気づき、必要なスキルや知識を身につけるきっかけを作ることができるからだ。

"きっかけ"を作れば、"方向性"が見つかる

まず、趣味のモノをネットオークションで売る。何が面白いのかを知るきっかけにしよ

う。最初はあまり売れないか、儲からないだろう。そのうち商品ページには、自分の言いたいことではなくて相手が知りたいことを書く必要があることを知る。そして、やっているうちにそれが何かがわかる。時間が経過するときの心理、競合、値付けの方法も体得できる。この過程で趣味のモノや洋服はすべて売り払う。これがお金をもらってする勉強だ。

ネットが苦手であれば、それに関する勉強をすればよい。本を買ってきてすぐに始める。いくらでも本はある。

ネットの勉強自体は嫌じゃないが、相手の顔が見えたほうがいいという人は、フリーマーケットに行くのはどうだろう。フリマによって客層、売れる値付け、店づくり、ディスプレイ、説明などが異なるだろう。ポスターなども、必要だと思ったら作る。カッコいいポスターが必要だと思ったら、イラストレーターを勉強する。ソフトを買って本も買う。あるいは詳しい人と友だちになって教えてもらえば、新しい人脈もできる。その過程で勉強できることがある。

あるいは、やりたいことに近いところで働かせてもらうという手も有効だ。お金のためではないけれど、お金はもらわないといけない。お互いに甘くなるからだ。飲食店をやりたいのであれば、自分の行動範囲の中で一番儲かっていそうな店で働かせてもらう。趣味であれば、アパレルショップでも中古ゲームショップでもよい。一番儲かっていると自分が思った店で働く。何で儲かっているのか、自分なりのストーリーを組んでみる。その過程で得られることは数えきれない。

ホワイトカラーの仕事でも弟子入りはできる。自分が尊敬できる経営者を見つける。自分が好きなモノを作ったり売ったりしている会社や、本を出している尊敬できそうな社長などピンとくる人が見つかったら、手紙を書いて頼んでみる。あきらめずに何度も頼むべきだが、どこかであきらめないといけない。手紙を書いて、二回電話しても相手にされなければ、次に行く。すごい人は一人ではない。いくらでもいるから、その中から探す。

多くの経営者は仕事に満足していない。会社にそれを担当する組織は存在しなくても、やりたいことはたくさんある。それを外注してもらう。それが何かは会社によって違うだろうが、プレゼン資料を作ったり市場調査をしたり、いろいろある。頼まれたら、できませんと言わず、どうしたらできるかを考える。必要なスキルがなければ、本を入手して勉強しながらやる。エクセルの分析が必要であれば、一番レベルの高い本を探して、それを全部〝やる〟。読むだけではなくて手を動かしてできるようにする。

弟子入りした師匠には質問だけをする。自分は話さない。相手から聞かれたことだけを答える。

もうひとつは、図書館に通う。過去の自分の仕事に関連する本を一〇〇冊読む。字面を目で追うだけではなくて、その内容を他人に説明することができるレベルの集中度で読む。

この三つ――物販、弟子入り、一〇〇冊の説明――であなたの品質基準は絶対に上がる。また、その過程で自分がやりたいことが見えてくるはずだ。その方向性は絶対に見つかると信じるだけでよく、始める際にはわからなくていい。勉強しない人、よい付き合いがない人は、良質な知識や情報がないから、方向性を〝思いつけない〟のである。やりたいことを聞かれて答えられないのは、そういうものがないからだ。逆に実践し、勉強して、よい付き合いを集中して行うことができれば、方向性は見つかるものだ。

稼ぐ人は自分の目で確かめる

このように自ら動いていくことは重要だ。それと同時に、正しい情報が得られるから、失敗するリスクも減る。一方で、人から間接的に聞いた話だけだと、大変な目にあうことがある。

二〇〇八年のリーマンショックで、多くの金融機関が危機に陥った。しかし、その影響をほとんど受けなかった投資ファンドが二つだけあるそうだ。ブラックロックとピムコという会社である。リーマンショックから三年経って、あるビジネス誌でピムコの社長が、なぜ彼らがリーマンショックの影響を受けなかったのかについて語っていた。

リーマンショック前、ピムコでは不動産価格の上がり方がどうもおかしいと思っていた。これは、どの金融機関も同じなのだが、その先が違う。他の金融機関は、みんなが買っているからウチも買おうとその流れに乗り、住宅ローンに関する金融商品にどんどん投資していった。一般の人たちも、その状況をおかしいとも思わず、さらにもっと上がるだろうと思い、どんどんお金を借りて家を購入した。

ここには、三種類の人たちがいた。

①　おかしいとは思わずに流れに乗った人。

②　おかしいと思ったけど流れに乗った人。

③　おかしいと思ったから調査をした人。

ピムコは三番目に分類される会社だった。彼らは不動産売買の実地調査をした。ピムコには一五人くらいの不動産担当者がいる。彼らを総動員して全国各地に派遣し、お客のふりをして不動産を買いに行かせたのだ。そこで目にした実態は、とんでもないものだったという。

たとえば、年収四万ドル（三二〇万円）しかないといっているのに、「大丈夫、大丈夫。頭金も要りません。全額借りられます」などという。この物件は一年もすれば一・二倍になるから、四〇〇〇万円の家を買っても一年で八〇〇万円の利益が出る、といった勧められ方をしたそうだ。

このような実態は、各種新聞やビジネス誌ですでに報じられていた。私も当時、アメリカの景気は住宅ローンの借り換えによる消費で支えられている面があると聞いていた。四五〇〇万円の家を買うのに、金融機関は五〇〇〇万円貸してくれる。その追加の五〇〇万円で車や高額家電製品を買う、などといった話だ。

アメリカの金融機関の人たちも、間違いなくこの手の話は聞いていただろうが、多くの人たちは流れに乗った。流れに乗った結果、逆の流れにも乗ってしまった、ということだ。

実態がないのに情報でモノを買う、あるいは自分が汗水流さず、自分の知恵も使わずにお金がお金を生み出すような仕組みがある、というようなことを信じている人は騙されやすい。

常に情報は足で稼がなければならない。騙される人は確かめない人である。

サラリーマン大家さんは魅力的か

自分の目で確かめる例をもうひとつあげてみたい。ここでは、サラリーマン大家さんが儲かるかどうか、私なりの結論を、調査したやり方について触れながらご紹介しよう。

いわゆる〝サラリーマン大家さん〟が一部の人から魅力的なサイドビジネスのひとつとして興味を集めている。世の中に会社勤めをしながら賃貸用不動産を持つ人は数多くいるが、うまくいっている人のほとんどは、親から受け継いだ土地や建物をもともと持っている人である。

これから述べる〝サラリーマン大家さん〟とは、スタート時点で自分自身で不動産を持たず（自身の居住分は除く）、一から賃貸用の物件を仕入れて人に貸すことを、会社勤めを続けながら行う人のことを指す。

一見、不動産を買って人に貸すだけだから簡単にできそうに見えるのだが、片手間でできるほど気楽なビジネスではない。

まず前提として、今後の人口動態などを考えると不動産賃貸業は全体として成長産業ではないことに留意する必要がある。もちろん、どのような業界であっても、うまいやり方を見つけ、不断の努力を重ねられる人は平均以上のリターンを得ることができる。しかし、それはイコール片手間ではないことを意味する。

もしこのビジネスに手を出そうとするのなら、たとえば一〇年後にはそれを本業にするくらいの決意が必要であると思う。

なぜこのように主張するのか、自分の体験も含めて理由を説明したいと思う。

ちょうど日経平均が七〇〇〇円台をさまよっていた二〇〇三年頃から、サラリーマン大家さんが注目され始めた。

よく、新聞広告や投げ込みチラシで紹介されているような、新築のワンルームマンションなど、不動産を買えば誰でもすぐに大家さんになれる。しかし、それによってリターンを出すのは至難の技である。というより、ほとんどのケースでマイナスになる。

サラリーマン大家さん以前に、そもそも不動産賃貸業者として経済的に成功するためには、物件をとにかく安く仕入れることが必要である。あるサラリーマン大家さんは不動産競売などで、市場価格よりも相当低い価格で建物を購入しているという。
これは面白いと思ったので早速、私は不動産競売なるものの情報を集め始めた。

不動産競売を少し覗いてみたら……

不動産の競売は、地方裁判所の管轄である。まず、地方裁判所のウェブサイトにアクセスすると、不動産の競売情報が出ている。そのデータベースにアクセスし、「三点セット」と呼ばれる資料を入手する。そこには、物件の立地や権利関係の情報、担当官が関係者にヒアリングしたときの会話の内容と、実際に現地で撮影された写真などが掲載されている。

その中からめぼしい物件を見つけたら、入札をする。三点セットには最低入札価格が掲示されていて、その二〇％を保証金として支払っておく（落札できなかった場合には払い戻される）。そのあとは実際の入札日に札が開けられ、最も高値で入札した人が落札することになる。落札した人は、保証金と落札価格の差額を現金で裁判所に支払う。すると、自分の物件になる。ざっくりとこのような流れである。

私がしばらくウォッチしていた間にチェックした多くの物件は、ボロで荒れ果てている。とても自分では住む気にならないし、自分の所有物として積極的に欲しいとは思えないものがほとんどである。権利関係も複雑そうで、買ったあとにも経験したことのないような手間がかかりそうな臭いもする。

しかし、人に貸す物件であるから自分が住みたいと思うかどうかとは別の話である。ビジネスにおいては、自分の好みと他人の好みは分けて考える必要があるのだ。

それにしても、あまりネガティブ・オーラが充満しているようなところの空気には触れたくないものである。たとえ安かったとしても、自分自身が最低限他人様がお金を払ってそこに住み、生活するイメージを持てる物件でないとできないな、と思った。

そんな感じで競売物件をチェックする日々が続いたのだが、何週間か経って、ようやくピンとくる物件が出てきた。

それは、下町にあるワンルームマンションだった。大手のディベロッパーの名前がついたマンションの一室で、私の自宅からも近い。実際に通勤の途中で見に行くと大通りに面した北向きの部屋であったが、築年数が一五年程度と比較的新しい。周辺環境も悪くない。近所の不動産屋で家賃相場を調べてみると、月額八万三〇〇〇円、年間一〇〇万円程度で

年間賃料100万円の物件の
利回りと購入価格の関係

期待利回り(名目)（%）	回収年数（年）	必要購入価格（万円）
20	5	500
15	6.6	667
10	10	1000
5	20	2000

貸せそうだ。

　さて、問題はどれくらいの利回りが期待できるかである。

　ここで、不動産の利回りについて簡単に触れておこう。

　賃貸用不動産の利回りは、購入価格が何年で回収できるかを計算するとわかる。たとえば、年間一〇〇万円の賃料が期待できる物件を一〇〇〇万円で買うと、一〇年で回収できる。利回りは一を年数で割ったものと計算し、ここでは一〇%である。賃料はほとんど貸し手側ではコントロールできないから一〇〇万円で固定し、期待利回り別に必要購入価格を逆算すると、表のように試算できる。

ちなみに、現実にはここで試算に使ったようなリターンは出ない。固定資産税、定期的に必要な修繕費、不動産管理会社への管理費や成約手数料などのコストに加えて、空室リスクも織り込まなければならない。

これまで述べていた利回りは、〝名目〟利回りと呼ぶ。これらのコスト（およそ物件価格の五％程度）を加味したものを〝実質〟利回りと呼ぶ。

純粋に投資として考えるのであれば、最低でも五％の実質利回りは欲しいところである。できれば、一〇％は欲しい。ということは、名目利回りで一〇％または一五％が必要で、先ほどの資産からそれぞれの買い値は一〇〇〇万円、六六七万円である。

利回りの話から、今度は金額を考えてみよう。実質利回り五％（名目利回り一〇％）の物件を一〇〇〇万円で買うとすると、年間の所得は五〇万円だ。一年間に大家さんとしての仕事が五〇時間必要になると仮定すると、時給一万円だ。悪くない数字に見える。

ところが、問題があった。この物件を買うために一〇〇〇万円の現金が用意できなければ、その不動産を担保にアパートローンなどを使って借金をすることになる。アパートローンの金利は当時で四％程度だったが、仮に半額をローンにすると、実質利回りは三％に低下し、年間実所得は三〇万円となる。借金の金利を加味すると、急に魅力のない投資に思えてきた。

結局、そんなに安くは買えない

最終的にこのワンルームマンションは、なんと一二〇〇万円で落札された。名目利回りにして八・三％、実質利回りにして三・三％である。指南書を読むと競売物件を買うなら最低でも名目利回りで一五％、できれば二〇％以上が期待できるようなものを買う必要があるというが、それとは大幅な乖離である。

そのあとも、何ヵ月間かにわたって、競売物件の落札価格をウォッチし、賃料を調べて想定利回りをチェックしてみたが、「これはいいな」と思える物件は、名目利回りで一〇％を上回りそうなものはひとつもなかった。そういう物件であっても、基本的には荒れているから、リフォームなど初期コストがある程度かかることを考慮すると、利回りはさらに低下する。これはあくまで推測だが、落札者はもしかすると自分で住むために買っているのではないかと思う。それであれば、かなりのお買い得物件である。しかし、自分で住んだら収益を生まないから、サイドビジネスにはならない。

一方、「これはいくらなんでも」という物件がときどき一五％くらいで回りそうな価格で落札されていることもあったが、これらを購入するとなると、まず複雑な権利関係を自力でスピーディに整理でき、賃貸市場によほど詳しく、これでも借りる人がいるというところが見えていなければ手を出すことはできなさそうである。

要するに、おいしい話はないのである。私がチェックしていた二〇〇四〜〇五年にかけては、競売物件のことは一般の人にも広く知られるようになってきた時期だった。たくさんの人がその情報にアクセスしていろんな判断をし始めると、市場の原理が働いてトクなことがあまりなくなる。サイドビジネスとしてのこの手法を一般に広めた人はものすごく早くからやっているから、みんなが知らないところで儲かったのではないかと思うが、本を出して、テレビにも取材された頃にはそれをやろうとする人がたくさん出てきて、参加者が増えたからそんなにおいしい話ではなくなってしまった、ということではないか。

おそらく競売物件のみならず、不動産情報のデータベースに載っているものなど、すでに衆目にさらされている物件に手を出しても、市場原理から考えてリターンが出るとは考えにくい。よい物件を探すのは、相当な手間がかかる。それは、足を使って情報をとり、信頼できる不動産会社から定期的に情報をとらなければならない。不動産会社は商売でやっているから、声をかけてもらったら、こちら側はすぐに決断できる判断力と資金力が必要だ。

とてもじゃないが、片手間でできるような話ではない。仮に不動産を手に入れたとしても、そのあとの物件の維持管理や管理会社、賃借人とのコミュニケーションにも時間を使う必要がある。

将来は不動産収入で食べていく、という目標がない人には、あまりお勧めできないサイドビジネスなのではないか、と思う。

不動産は値下がりする可能性が高い

もうひとつ我々が知っておくべきこととして、不動産はこの先も値下がりする可能性が高いという点である。先ほど利回りの話をしたが、この利回り計算が成り立つ前提は、入手した物件が売却時も同じ値段で売れるということである。売却時に取得価格よりも高値で売れれば利回りは上がるし、安くしか売れなければその逆である。

現在の日本は人口減少社会だが、世帯数は増えており、五〇〇〇万世帯ほどある。それに対して住宅の数が五七五〇万戸と、現時点で約七五〇万戸余っている計算になる（平成二〇年総務省統計局統計調査部国勢統計課「住宅・土地統計調査報告」より筆者試算）。だから、普通に考えると一部の人気エリアを除いては、物件の価格も家賃も下がる一方だと推測できる。さらに最近は、礼金・敷金ゼロのところや更新料を取ることができないケースが増えている。すると、ますます賃貸用不動産によるリターンは下がってくる。生半可に手を出すと、物件取得のために借りたお金すら返せない状況になってしまうかもしれない。

以上、不動産に関して私が足で稼いだ情報に基づいた意見を述べた。あなたも注目しているビジネスがあるならば、ぜひ自分の目で確かめることを強く勧めたい。

稼げない人と稼げる人の思考は、どこが違うのか

ここからは、稼ぐ人の頭の中味を、稼げない人のそれと対比しながら見ていくことにしたい。

稼げない人の共通点として、嫌な数字、赤字の数字から目を背けようとすることがある。

家計が赤字のとき、営業成績が赤字のとき、給料が下がったとき、会社での評価が芳しくなかったとき。そんなときほど、数字と向き合う必要がある。「数字＝起こっている現実」を目を皿のようにして分析し、原因を探らなければならない。にもかかわらず、それを見ないようにしてしまう。つまり、逃げてしまうのである。

また稼げない人に共通するのは、お金の使い方に問題がある。稼げるかどうかは、お金の使い方に如実に表れる。とはいえ、はた目から見れば何かに対してお金を払っていることには変わりがない。問題は頭の中である。

稼げない人の頭の中は、まずお金を使うときに財布の中身や銀行口座の残高を気にする。一方、稼げる人は、それよりもその物事に対してお金を払ったことで得られる価値に重点をおく。財布の中身や銀行にある残高を気にしながらお金を使うことは、堅実なアプローチである。財布の中身以外にお金を使わないので、貯金はできる。

一方、稼げる人は外向きにお金を使う。投資をするから、すっからかんになる可能性と裏腹だ。しかし、その使い方には常に自分にどう返ってくるかを考えているから、たとえお金は減っても、自分の知識が増えたり、できることが増えたり、経験を積めたり、人脈を増やしたり、といった形で血肉になって返ってくるのである。

　また稼げない人は、常に人からお金を〝もらう〟という考えが根底にある。せっかくもらったから大事に使わなければ、という思想が根底にある。子ども手当を〝もらって〟喜ぶ。さすがに手放しでは喜ばなくても、赤字財政の中から無理やり捻出され、将来の子供たちが返すお金だということで、もらうことはもらうが、貯金に回してしまう。

　しかし、稼げる思考を持っている人は、お金を人から〝もらう〟というふうには思っていない。あるいは、〝もらう〟ことをよしとしない。お金は自分が提供した価値に対する対価だと思っている。だから、自分が提供するものの価値をよく理解しており、他と比べて何が優れているのか、短い言葉で説明できる。子ども手当は無駄だからという理由で拒否したりしない。子ども手当の目的のひとつは景気の浮揚だから、その趣旨をきちんと理解して、ちゃんとお金を使う。手当ての主旨を鑑みて、子供の将来に返ってくるような使い方をするのである。

人のいいところを見る

何でも一通りできる、バランスのとれた人材を目指すべし、という人がいる。受験エリートにありがちな考え方なのだが、レーダーチャートを限りなく円形にしようという努力をする。

バランスのとれた人材を目指すことはひとつの考え方なのだけれど、ビジネスにおいてはそれが必ずしもよいとは限らない。

理由のひとつは、学校の勉強と違って、仕事には点数の上限がないからである。学校の勉強、特に受験勉強は一〇〇点という上限がある。だから、極端な話、一〇〇点をとれるようになったら、その教科はそれ以上勉強しなくてよい。他の四〇点や六〇点の教科に集中すべきである。なぜなら、受験勉強とは範囲が決まっていて、点数の上限がある世界で弱みを克服する（できないことをなくす）ことがその本質だからである。

しかし、ビジネスの世界では〝いいところ〟からしか収益は生まれない。そして、その〝いい〟の基準が、常に上がっていく。だから、一〇〇点がとれる人が増えてくると、過

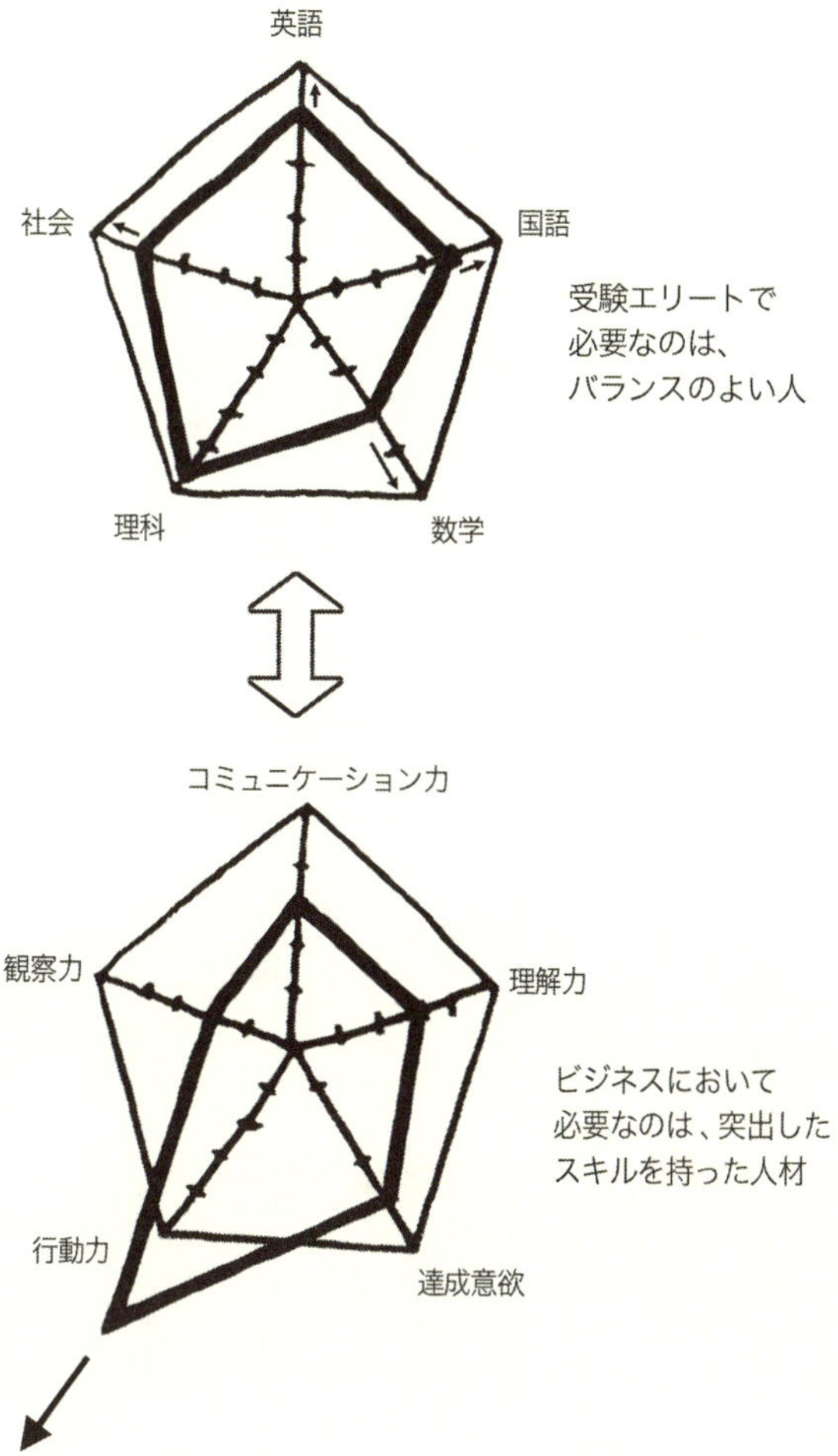
英語
国語
数学
理科
社会
受験エリートで
必要なのは、
バランスのよい人
コミュニケーション力
理解力
達成意欲
行動力
観察力
ビジネスにおいて
必要なのは、突出した
スキルを持った人材

去の基準では一五〇点くらいが、新しい一〇〇点となる。一方、ものすごく頑張って、四〇点を六〇点にしたところで、残念ながら一円の収益も生まない。

考えてみてもらいたい。あなたが買い物をするときには、そういう基準で選んでいるはずだ。あなたは一〇〇点の商品を買いたいはずである。同じ値段で、機能や質感が一〇〇点の商品と、八〇点の商品が並んでいたら、どちらを買うかは明白だろう。あなたに八〇点の商品を買ってもらうためには、値段を下げるか、改良して一〇一点以上を目指す以外にない。三〇点の商品が、ものすごい改良を加えられて六〇点になったとしても、その商品には見向きもしないはずだ。

あなたが日常的に行っているこの選択は、ありとあらゆるところで行われている。それは、あなたの会社の商品を買うかどうかだけでなく、あなたを採用するかどうか、あなたに仕事を頼むかどうか、それを考えるときにも行われているということを、常に意識する必要がある。

仕事の世界では、長所を伸ばすことでしかお金は稼げない。三〇点のものを五〇点にしても一円も稼げない。でも、八〇点のものを九〇点にすると、そこには収益が生まれる可能性がある。自分に三〇点のところがあるとしたら、その改善に多大な労力を費やすのではなく、チームを組んで得意な人に補ってもらうほうがよい。とにかく、強みを伸ばすことが重要だ。仕事で必要な能力の範囲は膨大だ。自分で全部やろうと思ったら、人生が何回あっても時間が足りない。

稼げる人は、それをよくわかっている。長所を伸ばすというのは、子供の精神論だけでなく経済的にも正しい。だから、稼げる人は、人付き合いにおいても人のよい部分を中心的に見る。約束を守らない、挨拶ができないなど、社会人として根本的に欠けている部分は直さないとそもそものスタートラインに立てないから、そのレベルの話ではない。

もうひとつ、弱みについて知っておくべきことがある。弱みといえば、強みがあるがゆえの弱み、というものがある。たとえば、好奇心が旺盛な人は飽きっぽい。好奇心が旺盛なことが強みなのに、飽きっぽいところを直せといったら、やるべきことがどんどん増えていってしまい、その人の長所が消えてしまう。もしそういう人がいたら、飽きっぽいところを直せというのではなく、好奇心旺盛であることの強みに着目し、目移りするにしても、もっといい目移りのさせ方はないだろうか、という視点を持つことが必要である。

そもそも、物事の良し悪しは、おしなべて自分自身や会社のプライオリティによってしか測れない。それは、自分のやりたいこと、達成したい目標に照らし合わせたときに、整合的であるかどうかでしか決まらない。

たとえば、早寝早起きがいいとか悪いとかいう議論があるが、それはその人の人生のプライオリティや制約条件によって意見が変わる。仕事もしているし、毎日子供の顔も見たいという人は、六時に自宅に帰って、夜は子供と過ごす。子供が寝たあとで、また一〇時くらいから仕事をする。そうしたら早寝は絶対に無理である。でも最低六時間の睡眠は確保したいとなれば、二時に寝たとして起きるのは八時くらいだ。八時は早起きではないが、自分のやりたいことを優先して、家族と仕事と睡眠時間のバランスをとろうと思ったらそうせざるを得ない。

稼ぐ人は、プライオリティが明確だから、それにしたがって行動する。だから、すべての行動に理由があることが特徴だ。

稼げる人はケンカをしない

一方で、稼ぐのが下手な人ほど、他人の欠点に目がいきがちである。また、そういう人は、よくケンカをする。

うまく稼げる人は、どんな相手とも絶対にケンカ別れをしないものである。理由のひとつは、将来的にいつどこで会うかわからないからである。私の過去の経験からも、ケンカ別れをして損をしたなと思うことが、かなりあった。

ケンカになりそうになったら、どうすればいいか。まずはケンカをしないように、感情をコントロールすることは重要だ。しかし、これはあくまで表面的なテクニック論であり、本質的な解決にはならない。本質的な解決とは何かというと、ケンカになりそうになったら相手の主張と自分の主張を正面からぶつけるのではなく、相手の主張と自分の主張の間の論点、何について争っているのかを見つけることが必要だ。

おしなべて、ケンカの原因というものは双方の主張の食い違いである。ビジネスにおける双方の主張とは、要するにパイの取り分である。自分が全部取るか、半分でも納得できないときはどうするか。あるいは、相手が全部取るか。

ケンカをしてしまう人は、外から見たら取るに足らない分け前の配分で一生懸命になっている。しかし、ケンカをしない人はもうひとつパイを見つけてくることができる。あるいは、代わりに別のモノを探してくる。争点はパイひとつでは足りないということだから、「じゃあ、もうひとつパイを一緒に見つけに行きませんか」というのである。

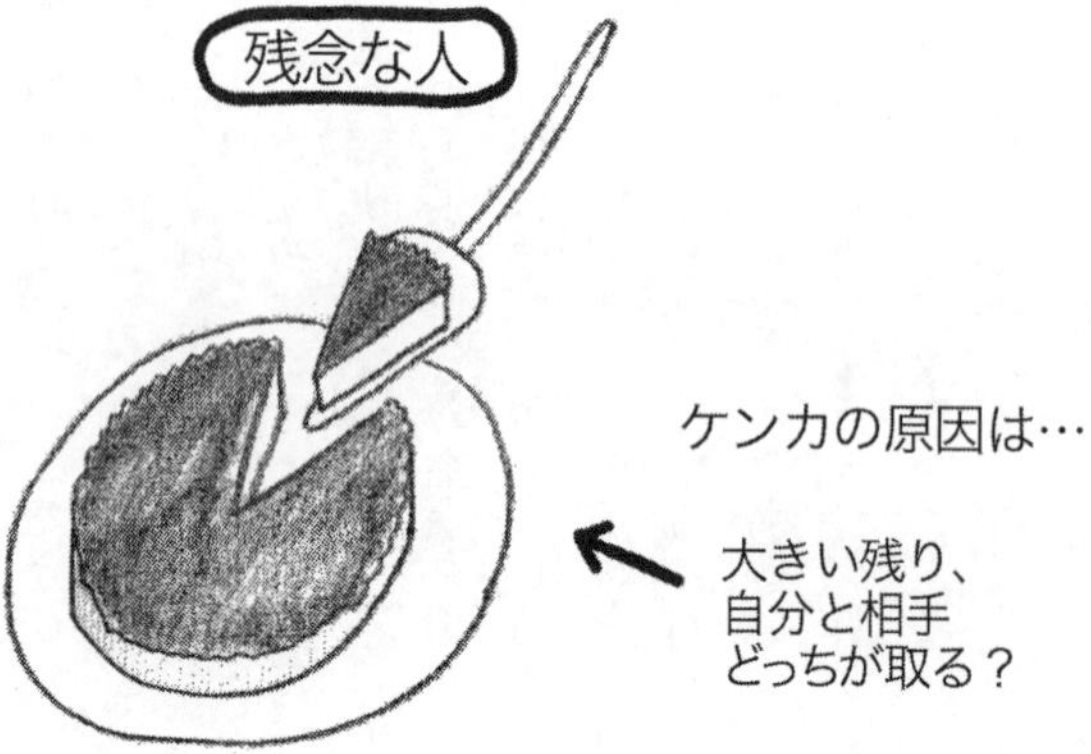
残念な人
ケンカの原因は…
大きい残り、
自分と相手
どっちが取る？

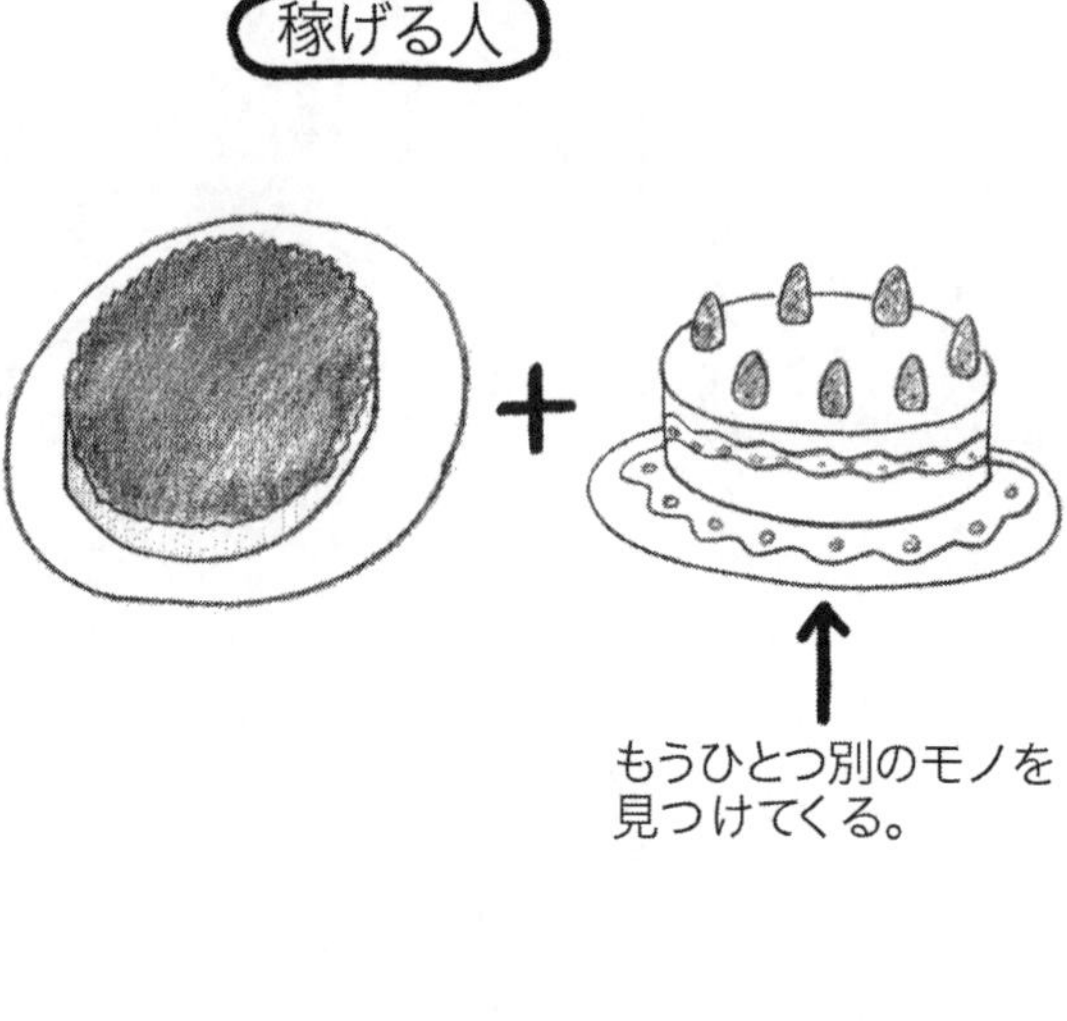
稼げる人
もうひとつ別のモノを
見つけてくる。

それでも、もうこの人とは付き合えない、そう思ったときは、すべて相手にあげてしまう。自分が折れてそれ以上付き合わないようにするのである。話し合いが終わったら、ニコッと笑って「ではまた今度」といって別れるのだ。そのあとは誘われたり面会を頼まれても、何かと理由をつけて会わないようにする。相手がしつこくても、時間が解決してくれるのを待つのである。

要するに、マイナスのことに労力を使わないのだ。トラブルが生じると他の重要な仕事がすべて止まってしまうからだ。自分の手によってトラブルを起こさない、自分の手を汚さなければならないトラブルは発生させないこと。そのコストを考えて、全部あげてしまう。そのときに、「ああ、あのパイは半分オレのモノだったのに」とはいわず、すぐに新しいパイを探しに行くのだ。「新しい機会」と「今までよりよくなること」だけにしか自分の貴重な意識と時間を使わないこと。お金を稼ぐ人はあきらめがいいのである。

稼いでいる人を妬んで、「余裕があるからケンカしないのですね」という人がいるが、因果関係が逆である。ケンカしないから稼ぐことができ、余裕が生まれるのだ。

あきらめている人は、
実はあきらめが悪い

最近いろんな人と話していると、なんだか人生をあきらめている人がたくさんいるように見受けられる。

二〇代の若い人は、大学を出てもどうせ就職できないという。家族を抱えた五〇代の勤め人は、退職後の人生が長く今の貯金と年金では楽しく暮らせないと落胆し、女性の事務職はどれだけ頑張っても給料が上がらないと嘆く。

これらの発言の根底にあるのは、「昔はよかった」ということなのではないか、と思う。決して直接口にはしていないが、「大学を出ると就職できる時代があった」「自分たちより上の年代は退職金と年金で豊かな暮らしをしている」「どんな仕事でも給料が上がる時代があった」といった、過去のよかった時代との比較が前提となっている。

また、そういう人の話す内容は、自分のことであっても昔話が多い傾向にある。

中学のときはモテたとか、高校のときはインターハイに出たとか、大学のときはバイト先で店長を任されていたとか、昔の栄光、自慢話ばかりをする。けれども、明日何をやるとか、来月何をするといったことがまったくないのだ。

本当は自分には実力があるのだけれど、何かの外的な要因で今の自分はサエない、何かきっかけさえつかめれば、というのが本音である。要するに、あきらめているようであきらめていないのだ。「オレ、人生あきらめてる……」と口に出していう人ほど、本当はあきらめが悪い。

一方で、稼いでいる人はあきらめがいい。常に自分は足りないと思っている。自分の過去と比較したら、それは足りているのだけれど、目標と比較したら絶対に足りない。永遠に足りない。なぜなら、目標は達成したらすぐに次の高い目標が設定されるからである。

そういう人は、過去はほとんど振り返らない。中学時代に靴箱にラブレターが入っていようが、高校時代に甲子園に出ようが、成長した今の自分から見ればたいしたことではないし、将来の目標達成のためには何の関係もないからである。

全体として就職率が低かろうが、自分だけは就職するにはどうしたらよいかを考える。五〇歳であっても老後に自分は豊かな暮らしをできるようにするためのことを、今日からやる。派遣の事務仕事の給料が上がらないならば、給料が上がる仕事に変える。

これらは、〝将来〟の自分をあきらめず、〝過去〟の自分、〝今〟の自分をあきらめることから始まる。

勉強会には行くな

稼げない人が○○ハックなどといいながら自分の作業効率の向上やスキルアップに腐心する一方、稼げる人は人脈の開拓にいそしんでいる。ただし、人脈の開拓といっても、社外の勉強会や交流会に行くのはあまり意味があるように思えない。勉強会や交流会は、主宰者が自分の自己実現のためにやっている。どのような会も、一番楽しいのは主宰者だ。あなたが友達を誘って行っても参加人数が増えて主宰者が喜ぶだけである。なぜ、勉強会や交流会に行っても意味がないかというと、ただ他人と名刺交換してもそのあとにほとんど何も起こらないからである。

「何か楽しいことがないかな」と自分探しをしている人が、待ちの姿勢で集まっても雑談で終わってしまう。一方で、何か自分が売りたいものや買いたいものなど、目的がある人は、交流会などに行かずとも具体的な相手を探して直接コンタクトする。わざわざ〝偶然の出会い〟を求めている暇がない。だから、具体的な目的がある人は、そもそも勉強会や交流会には来ないのだ。

　外の人脈を広げようと思ったら、自分が売りたいもの、または買いたいものを明確にしなければならない。それで、具体的な話を可能性の高い相手とするのが一番よい。勉強会や交流会に出ることに有意義な点があるとすれば、その主宰者なり参加者と話すことによる具体的な目的がある場合のみにおいてである。

今さらですが、挨拶は大切です

　周りを見ていて感じるのは、社外の人脈作りにいそしむ前に、まずは自分の会社内の人脈を作ることを優先したほうがよいのではないか、という人がいることだ。

　少なくとも社員数五〇人以上の規模の会社だったら社内の人脈がない人は、なかなか仕事をうまく進められない。日常的にやりとりがあるのは、インプットをくれる人とアウトプットを渡す人、おそらく上司とチーム内の同僚がほとんどだと思うが、その人としか付き合っていない人は普通レベルの仕事しかできない。社内全員を知っている、あるいはキーパーソンを知っているというのはとても大事なことである。

毎朝こそこそとフロアに入って来てパッと席に着くような人は、おそらく仕事はうまくいかない。元気よく「おはようございます！」と言える人はうまくいく。挨拶をきちんとするのは、礼儀正しいとか規律を守るとか、そういう小学生の道徳みたいなことを言うな、という意見もありそうだが、これは経済的にもかなり重要なことである。

朝、元気よく挨拶をすると何が起きるか。その人には、この人には頼みやすい、相談しやすいという雰囲気が生まれる。そうすることで、逆に自分も他人に頼みやすい雰囲気を出せるようになる。

明るいとかオープンマインドというのはチームワークにおいて非常に大事なことで、ネットワークを広げるための最初の一歩である。社員数が五〇人を超えてくると、名前を知らない人もいる。誰なのかわからない人には話しかけづらいし、逆に話しかけられても「いや、あの、チームリーダーを通して……」と言いたくなる。

些細なことのように見えるが、「忙しい、忙しい」と仕事を抱え込んでいる人は、よく見ると実は挨拶をしていなかったりする。そういう人は人に相談したり、仕事を頼んだりするのが下手である。「よくわからない人に頼まれた仕事はしたくない」と思われるからだ。実にもったいない。

即答するバカと即答できないバカ

「即答するバカ」という言葉がある。仕事では何でも即答できるのが一番よさそうな気がするが、実際はそういうわけではない。もちろん、一番望ましいのは正しい情報を持っていて即答できることだ。しかし、スピード重視といわれるから、情報が不足している状況で即答してしまうことがある。これは残念な結果を招きがちだ。正しい即答、情報を確認してからなるべく早く返事をするためには、社内のネットワークを強く持つべきである。

たとえば、メーカーで営業の仕事をしている人でも、業績を上げている人は、現場の人たちと仲良くやっていることが多い。納期が急だったりするような注文があったとしても無理を聞いてもらえることがある。それで「営業の○○さんが取ってきた仕事だから、しょうがない、残業になっちゃうけどやるか」、そう思われたらいい仕事をしてもらえる。

逆に製造部門の人も生産スケジュールや製造プロセス上の問題点などを営業の人によく話しておけば、営業の人も顧客のところに行ったときに納期のことなどいろいろと話ができるから、その場で調整ができる。

残念な営業は、顧客第一主義と称して顧客のリクエストに対して「わかりました！」と受けてくるが、帰社して製造の人に話すと「今、忙しいからできない」と言われ、結局顧客に「やっぱりできません」と言うはめになってしまう。

もちろん、他部署の人と「個人的に」仲良くするのは、仕事上あまり好ましくない状況を乗り越えるためにお互いに無理を聞いてもらうという、近視眼的な目的を強調したいのではない。仕事は所得を得るためだけに行っているのではない。誰もが、人の期待に応えたい。それも、頭に浮かんでくる順番に期待に応えたいのが人間だ。その順番とは、自分の好きな人の順である。さらにいうとそれは、自分のことを気にかけてくれる順番だ。

多くの企業では、〝クロスファンクショナルチーム〟や〝部門横断的活動〟などと称して、会社の正式な活動として横のつながりを太くするような取り組みを行っている。しかし、こういうことは正式な活動にされてしまうと、とたんに面倒くさくなってしまうものである。難しい横文字や漢字を使わずとも、前述のような――自分のことを気にかけてくれる人の期待に応えたい――基本的なことを押さえていれば、自然と挨拶をして、声かけをするようになるのだと思う。

4章

貯金、そして
投資、消費、浪費

After a certain point, money is meaningless.
It ceases to be the goal.
The game is what counts.
——Aristotle Onassis

ある点を越えると、お金は意味を持たなくなる。
次第にそれは目的ではなくなり、仕事そのものが重要になる。
——アリストテレス・オナシス　山崎将志 訳

貯金があれば安心か

お金に関する典型的なアドバイスのひとつに、「貯金をしなさい」というものがある。たしかに、ある程度の貯金は必要であるが、実は貯金によって解決できる人生の問題は、あまりに少ないのではないかと私は思う。

たとえば、老後の資金のために貯蓄が必要だという。それは、そのとおりである。しかし、「安心できる程度に」まで貯金するのは、かなり非現実的なのではないだろうか。年金額や生活水準が人によって異なるため、あらゆる人のことを検討できないが、たとえば夫婦二人で世間一般でいわれている必要貯金額（年金を除く）は、三〇〇〇万円から五〇〇〇万円がよくいわれる数字である。

いくら複利効果があるとはいえ、現時点での預金金利は無視できるほど低いので（将来上がる可能性を否定はしないが）、ゼロと仮定する。三〇歳から三〇年間定額で貯めていくとすると、三〇〇〇万円で年間一〇〇万円、五〇〇〇万円で年間一六六万円である。二八ページの例の家計で考えれば、年間二三二万円の余剰があるので、達成できない目標ではない。

しかしながら、頑張って現役時代にそれだけの貯金をし、老後の生活資金が確保できていたとしても安心とはほど遠い。なぜなら貯金を切り崩す生活そのものが不安だからである。貯金を切り崩さないために、年金以外に年間一〇〇万円必要だとすると、利回り一％の金融商品で一億円、三％の金融商品で三〇〇〇万円を投資している必要がある。この時代に、安定的に一％で回る金融商品を探すことすら難しいうえ、元手が一億円必要だ。それでも、安定利回り一％、元本一億円というかなり難易度の高い前提条件で試算しても、金融商品によるリターンはやっと年間一〇〇万円である。年間プラス一〇〇万円の〝安心〟を手に入れるのは、かように難易度が高い。貯金がたくさんあれば老後に安心が得られるという考えは、幻想であると考えたほうがよさそうである。

現役時代は老後の不安を抱え、引退後も結局不安なままであるならば、せっかく貯金してきたのは何だったのか、となってしまう。残念ながら貯金そのものでは幸せにならない。貯金で得られる幸せは、目標額にたどり着いたという達成感である。その達成感と生活の安心・安全とは別物である。

また、リストラにあったときのために貯金し、防衛せよという意見もある。しかし、リストラによる不安の本質は、実はお金が入ってこない不安ではない。仕事がないことが不安なのである。仕事がないとなぜ不安かというと、自分は人からあてにされていない、社会から必要とされていないと思うからだ。

お金をもらえなかったり、給料が下がったりすると、お金がなくなる不安よりも、自分の価値が下がった、なくなったと感じる。だから、不安やストレスが生まれるのだ。

当面の生活費六ヵ月分は、何を担保してくれるのか

とはいえ、貯金は重要だ。貯金で私が唯一、安心材料として実質的な意味があると考えるのは、最低でも生活費の六ヵ月分を手元に残しておくことだ。月の生活費が三〇万円ならば一八〇万円、五〇万円ならば三〇〇万円だ。勤務先の倒産などの理由で解雇になっても、普通の人ならばまず半年あれば次の仕事は見つかる。あまりに貯金額が低いとあせって不本意なポジションにつかざるを得ないことになりかねないが、半年あればじっくり就職活動するのに十分な期間である。もちろん、次の仕事が見つかるまでの期間と、貯金の額の間には何の関係もないから、半年間で仕事が見つからない場合は、スキルと要求のア

ンマッチが原因である。この場合は、何年就職活動しても結果は変わらない。

あるいは、不慮の事故や病気で入院してしまったときも、半年分の蓄えがあれば、お金が理由で過度な不安に陥る状態は避けられる。厚生労働省の患者調査（平成二〇年）によると、いわゆる「病院」における平均在院日数は三七・四日となっている。もちろん、これは平均であり、「精神及び行動の障害」の二九〇・六日と長いものもある。しかし、「感染症及び寄生虫症」の二二・七日、「新生物（ガンなどの悪性腫瘍）」の二一・四日、「循環器系の疾患」の五二・七日など、感染症や免疫疾患などの病気は二〇日から六〇日程度である。自宅療養期間などを考慮に入れても、職場復帰までには六ヵ月は十分な期間だ。

病気による休職はたしかに不安材料ではあるが、治療が終われば職場にそのまま復帰できるのが基本だから、完治できるような傷病であれば職を失う心配はない。逆に、職場に復帰できないような難しい病気であれば、とても六ヵ月分の貯金では足りないが、その場合はお金がないことの不安よりも病気自体に起因する不安が中心となるため、お金の話とは別の議論になる。

たとえ復職できることが前提となっていても、その間は勤務先から給与が払われないからお金の不安は消えないという意見もあるが、実は「傷病手当金」という制度がある。こ

2008年　年齢別死亡率（人口1000人につき）

年齢	男	女
30－34	0.8	0.4
35－39	1.0	0.6
40－44	1.6	0.8
45－49	2.5	1.3
50－54	4.0	2.0
55－59	6.6	2.9

の制度により、病気やけがで休んだ期間、一日につき、標準報酬日額の三分の二に相当する額が、最長一年半にわたって支給される。

また、医療費の負担が大変だという意見もあるが、一定限度額を超えた高額医療費は健康保険から戻してもらえる。自己負担の限度額は、一ヵ月間の医療費の合計金額、年齢、収入の三つによって決まる。たとえば、年収六〇〇万円の四〇歳男性が、一ヵ月間に一〇〇万円の医療費を自己負担として支払ったとしても、九〇万円弱が払い戻される。

このように、我が国の健康保険制度は非常に手厚く、治る病気であればお金自体に起因する不安に対して、過度に気にかける必要はないといえる。それでも、もちろん働けなくなるほどの病気になったらどうしよう、という心配もある。たしかに、働き盛りでも亡くなる人はいる。前ページに厚生労働省大臣官房統計情報部人口動態・保健統計課「人口動態統計」（平成二〇年）による死亡率表を示したが、三五—三九歳の層では、人口一〇〇〇人当たり、男性で一人、女性で〇・六人が亡くなる（病気以外に、事故、自殺も含む）。五〇—五四歳の層では、男性で四人、女性で二人である。このデータをどう解釈するのかは、読者のみなさんに委ねたいが、「こんなに死亡率が高いのか」とお考えの方は、保障が十分な生命保険に入るとよいだろう。

チャンスのために貯金せよ

では、貯金の目的をどう考えたらよいだろうか。私は、〝マイナスがあったときに補うため〟という視点だけではなく、〝チャンスをものにするため〟という考えを加えることをお勧めしたい。これまでは、前者の話をしてきたが、後者はとても重要である。

ここで、話をわかりやすくするために言葉の定義をしておきたい。今すぐには使わないお金があるとして、基本的には使うことを前提にしていないお金を「貯金」、チャンスをつかむためにとってあるお金を「投資準備金」と呼ぶことにしよう。

あらゆる人にチャンスは平等に転がっている。もちろん、能力を磨くことは前提だ。チャンスはある日突然めぐってくる。それは、いつくるかわからない。そんなときのために、常に準備をしているのが成果を出せる人で、来ないかもしれないからといって準備をしないのがチャンスをつかめない人である。両者の差はそんな小さい違いだ。

その準備のひとつが、投資準備金である。投資準備金の有無がチャンスをつかめるかどうかを大きく左右する。ステップアップのために学校に行きたい、どうしても自分が開発したい商品がある、仕事がうまくいっている相手から一緒に会社をやろうと持ちかけられた、注目していた不動産の持ち主が破産して格安で売りに出された……。そんなときにすぐに動けるようにしておくのである。もちろんそれに意味があるか吟味するのは大前提であるが、投資準備金がなければ検討すらできない。検討する機会がなければ、能力も上がらないし知識も増えない。だから成長しない。すると、ますますチャンスを逃し続ける、というサイクルで人生の旬を逃してしまうことになるのだ。

身軽であることの重要性

突然、目の前に現れたチャンスをものにするためには、投資準備金を持っているのと同時に、家計が身軽である必要がある。家計が身軽ということは、固定費が低いということである。マネー誌の家計診断などを読むと、携帯電話が無駄だとか、車の維持費が高いとか、タバコはやめろとか、そんな議論がなされているが、結論の出る議論には思えない。なぜなら、無駄かどうかは主観であり、相談者と回答者の主観同士を戦わせても「無駄だ」「無駄じゃない」の堂々めぐりになるからだ。それに、人間は元来我慢が苦手な動物だから、技術がこれだけ発達してきた。我慢をするためには、その我慢の先にあるものが見えていなければならない。その先に見えているものとは「チャンス」である。希望を持つとは、チャンスをうかがうことだ。

投資準備金が少ないのと同様、固定費が高いと、チャンスを逸しがちである。ビジネスにおいては、コストは常に確定、売上は常に未確定である。会社勤めをしていると、給料は確定していると錯覚しがちだが、会社の売上と同様に未確定であると捉えたほうがよい。

未確定だと考えれば、おのずと固定費を下げようというインセンティブが働く。固定費が低ければ、いつでもすぐに動ける。中途半端に給料が高く、高い住宅ローンを組んで子供を私立に入れている貯金の少ない家計は、チャンスをものにするという観点では最悪だ。

また、固定費が低ければ貯金も投資準備金もおのずと増えていくので、相乗的にチャンスをつかめる可能性が高まってくるのである。

お金を使うと稼げる

ある程度の貯金は重要だが、貯金では安心は買えない。人生には希望が必要だ。それにはチャンスをつかまなければならず、そのためには、固定費を下げて投資準備金を増やすのがよいと述べた。

ここからは、お金の使い方について考えることにする。お金の使い方というと、多くの人は節約術のことを思い浮かべるのではないかと思う。あるいは、モノを安く買うためのコツやポイントカードの有効活用法などを期待するかもしれない。たしかに節約したり、モノを安く買うことは意味のあることだと思う。しかし、私がここで述べようとしていることは、そのようなことではない。お金を使うときに我々が間違いやすい点を指摘し、より豊かな人生を送るための方法を一緒に考えようということである。

お金の価値は、実は自分で決められる

あなたのそのお金の使い方は大丈夫なのか？　今欲しいあの商品は、買うべきなのか。そういった疑問に簡単に答えられる方法がある。それは、お金を使うときに「投資」「消費」「浪費」のどれに当たるのかを判断することである。

まず「投資」とは、自分の稼ぎを増やしたり、趣味などの生きがいを見つけたり、将来に見返りがあることを期待したお金の使い方である。なお、ここでいう「投資」は5章で扱う金融商品への投資のことではなく、もっと広い意味で使っている。だから、あとで詳しく述べるように、自分の人生への投資としては成功だが、金融投資としては失敗ということもある。

次の「消費」は、食費や住居費、被服費や交通費など、生活するために必要なモノやサ

ービスへの支出である。

最後の「浪費」は、投資でも消費でもない支出のことである。ストレスの解消や一時的な快楽を得るための支出が代表的だ。

まずは、ざっくりとした定義であるが、あなたの支出はいったいどれに当てはまるだろうか。家計簿をつけている人は、それぞれの支出がどれに相当するのかチェックし、金額割合を計算してみて欲しい。あるいは、家計簿をつけていない人は、今週の支出、思い出せないならば今日一日の支出でもよいだろう。

さて、あなたの支出は、この割合がどのようになっているだろうか。

チェックをして悩み始めてしまった人もいるかもしれない。「今日スーパーで買ったチョコレートは消費かしら、浪費かしら」「昨日の夜は友達とボーリングに行った。これは何だろう」「先週の結婚式のご祝儀は消費でいいのかな」などといった疑問はわいてこないだろうか。

実は、そのような疑問を持った人が正しい。何が投資で何が浪費なのかは、一般論では決められないのである。同じお金を使う行為でも、人によって位置づけが違う。それは、あなたが決めることなのである。だから、自分なりの解釈をしてとにかくやってみよう。

すべての行動を「投資」に変えるには？

さて、自分なりに定義づけて分類した結果はどうだっただろうか？

「投資」が少なく「浪費」が多い？　よくある結果のパターンですね。何に浪費していますか？　パチンコやタバコ？　それは無駄ですね、やめましょう。それで浮いたお金を本や教材などに使いましょう。「消費」ももっと工夫できますね。買い物はもっと安いものを選びましょう。高い携帯電話料金を払って無駄話をするのはやめましょう。そうすると貯金が増えますよ。最終的には、投資、消費、浪費の割合を、二〇％：七〇％：一〇％にもっていきましょう……。

私はこのようなことをいうつもりはない。重要なのはこれからどうするかだ。

ここで思い切って、「投資一〇〇％にするにはどうしたらよいかを考えてください」と提案したい。

これはどういうことかというと、すべてのお金を払う行為に対して理由を考える。そのうえで、それが将来の自分とどうつながるのかを見い出すことである。そして、その基準に照らし合わせて自分なりに「意味がある」ということであれば、それはすべて投資であると考える。つまり、将来の自分に対して明確な理由を持ってお金を使うことが投資なのである。

たとえば、スーパーで食材を買うとしよう。必要なカロリーを摂取するための買い物は消費という位置づけだ。健康を維持するために栄養のバランスがとれるように食材を買う。これもまだ消費の域を出ていない。

では、次に食べるということは自分の将来にどう影響するかに思いを馳せてみよう。今日食べた物は、一ヵ月後の体を作るといわれる。そうであれば、一ヵ月後にどういう体になっていたいのかを考え、その目標を達成するために食べ物を摂取するようになれば、それは立派な投資である。考え方によっては、すべてのお金を使う行動を「投資」に変えることができるのだ。

投資的なお金の使い方

高年収を得ている人のお金の使い方のポリシーとして、モノやサービスの価格云々よりも、そこから生まれる「機会」を重視してお金を使っている印象を受けることが多い。

そのような人は社会や経済の動向、マーケットの流行などから機会を見つけようとする傾向があるように思う。まず、気になる本や雑誌は迷わず買うようにしている人が多い。本や雑誌は、その価値と比較したら驚くほど安い。著者が何年もかけて経験したことを、何百時間もかけてまとめた内容を、一〇〇〇円、二〇〇〇円で知ることができる。

また、モノを買うときは、自分だけがわかるこだわりの一品でなく、みんなが欲しがる商品を買うようにする傾向にある。モノを買う目的のひとつが、マーケットが何を欲しがっているのかを知るためという面を常に忘れないのだ。

また、最新のPC、電子書籍端末、スマートフォンといった電子機器は、話題のうちに買って、まずは使ってみる。多少無理をしてでも買う。なぜなら、新しいモノを利用することは勉強になるからだ。特にこういったことを実践している人は、本や雑誌を読んで知っていることと、実際に体験するのでは情報量に雲泥の差があることをわかっており、人の評判ではなく、自分の目を信じることに重きをおいているのである。

お金を払ったことを理由に、目標を達成することはない

とはいえ、高年収者は〝元をとろう〟とは思っていない。典型的な貧乏思考のひとつに、お金を先に払ってあとでその元をとろうというのがある。たとえば、ダイエットのためにサウナスーツを買う。これに一万円を払ったのだから元をとらなければいけない、というような発想である。他にも、高価な圧力鍋を買ったから、頑張って料理しなければならないと考えたり、学習塾にこれだけのお金を払ったのだから受験に合格しなければならないと子供にプレッシャーをかけたりと、いろいろある。

しかし、ある一定水準のお金を使って自分にプレッシャーをかけることによって、よい結果を期待するのは、貧乏性的発想である。私がこういう理由は二つある。

ひとつは、かけるお金の大小によって達成できるかどうか、自分の意思を判断している時点で、すでにお金に負けている。つまり、あなたが三キロ痩せる、五キロ痩せることに

は一万円の価値しかないということになる。あなたが決めた目標体重はお金では測れない価値があるはずで、もっと健康に暮らせるとか、見た目がよくなるとかそういうことのはずだ。また、英語が話せるようになったらかっこいいとか、英語を使ってビジネスをしたい、あるいはビジネスをしている自分がすごくいきいきして見えるとか、そういうなりたい自分になることが目的であって、英会話学校に二〇万円払うから、一生懸命通うようになるだろうと期待するのとはまったく違う。

もうひとつは、お金は払う決断をするまでが大変なのであって、一度払ったあとは忘れてしまう。もちろん、払ったこと自体は覚えているのだが、払ってしまったあとの財布や銀行口座の残高に慣れてしまうからだ。

たとえばダイエットのために三万円のスポーツクラブのプログラムに入ろうとして、払うところまではすごく迷う。でも、その三万円を払った時点であなたの悩むプロセスは終わっている。だから、それはダイエットを進める後押しにはならないのだ。

もう少し日常的な小額消費について考えてみよう。あなたの家には着ない服がどれくらいあるか。読んでいない本はどれくらいあるか。五〇〇〇円や一〇〇〇〇円の話であっても、買うときはとても迷うが、お金を払う痛みが過ぎ去ったあとは忘れてしまう。一度手に入れると、次に手に入れたいものに目移りをするのが人間の習性である。これがお金に負けている思考だ。

稼ぐ人は黙って税金を払う。稼げない人は文句を言う

多くの人はたいした税金を払っていない。いや、払っていることは確かなのだが、便益に見合った額の税金は払っていないだろう。平均年収である四〇六万円の一人暮らしの納税額は年間三〇万円弱。月に二万五〇〇〇円だ。その他に、お金を月に二〇万円使うとすると、消費税額は約一万円。たったそれだけしか払ってないのに、要求ばかり高い。役所のサービスが悪いだの、保育園が少ないだの、道路がなんとか……。

反感を買うのを承知で申し上げたいのだが、冷静に考えて欲しい。救急車が二四時間、警察による安全、公共サービス、住民施設、学校、整備された道路、煌煌と明るい街灯……、月にたったの三万五〇〇〇円でこれだけのサービスを得ていることに、驚きを感じないか？

実は、財政赤字の原因はここにある。つまり、多くの人の公共サービスに対する要求水

準が高い割に納税額が低いからだ。

その解決策は二つ。もっと低いサービスレベルで我慢するか、たくさん稼いでたくさん税金を払うかのどちらかだ。どっちも嫌だというのはタチが悪い。

稼いでいる人は、たくさん税金を払っている。しかし、受けられるサービスは普通の人と同じだ。しかし、文句を言わないし、要求もしない。やり過ごそうとする。むしろ、サービスを落としてもらってもいいと思っているくらいだ。彼らはもっと稼ぐことに注力している。自分で何ともならないことには時間と意識を使わないのだ。もし、本当に税金の使い方が問題だと思うのであれば、自分が政治家をやるか、自分と同じ考えを持つ政治家を支援する。

ゲームに勝つには、ルールを熟知する必要がある

あらゆるゲームで勝つためには、ルールを熟知している必要があるのと同様に、お金を正しく使うには、いろいろな仕組みや法制度を知る必要がある。ひとつの例として、住宅ローンを見てみよう。

もしあなたが今、家の住み替えなどで、住宅ローンを払って住んでいる持ち家を賃貸に出そうと考えているならば、やめたほうがいい。マンションを買って、そこから引っ越すことになったときには、多くの場合貸すよりも売ったほうがいい。理由は四つある。

ひとつは住宅ローン控除がある。新しい物件を買うために組んだ住宅ローンは、居住用として低いローン利率が適用され、一定所得以下（現在は年収三〇〇〇万円）であれば住宅ローン控除も受けられ、所得に応じて毎年最大で数十万円の所得税が戻ってくる。しかし、物件を賃貸に出そうとすると、ほとんどの場合、金融機関が契約違反で一括返済を求めてくる（ただし、転勤や親の介護などの客観的に証明できる理由がある場合にはこの限りではない）。それでも賃貸に出したい場合は、アパートローンに借り換えなければならない。そもそも事業用ローンに借り換えること自体が困難なうえ、その利率は居住用よりも大幅に高く、現時点で六％を超えてしまうものもある。銀行も不動産市場のリスクを高めに見積もっており、ここ数年でアパートローンの利率は上昇トレンドである。ちなみに、住宅ローン控除も当然ながら受けられない。

二つ目は、特にファミリー用の物件であれば、物件価格に比して賃料収入が低過ぎて投資としてのリターンが合わないことが多い点である。

たとえば、東京都江戸川区の西葛西に、66㎡の2LDKを所有しているとしよう。購入価格が四〇〇〇万円で、頭金一〇〇〇万円、残りを固定金利三％で三〇年ローンを組むと、三〇年間の総支払額は、諸経費も入れておおよそ五六〇〇万円である。一年間当たりに直すと一八七万円、月に直すと一五万五〇〇〇円だ。このクラスの物件では、管理費と修繕積立金がおよそ年間三〇万円ほど、固定資産税が一〇万円ほどかかるから、総コストは月に一九万円、年間二二八万円である。

さて、一方で借りる側の視点で見てみよう。同じ間取りの物件を、一九万円も出して西葛西で探すような人はいない。管理費込でせいぜい一五万円である。だから、この西葛西のマンションを賃貸に出すと、毎月四万円赤字が出ることになる。

たまたま西葛西を例にしたが、どこの街でも総じて同じである。例外があるとすれば、一部の高級住宅街のみである。このギャップが生じる理由は、賃貸用物件が賃料から逆算して低コストに作られている点などさまざまな理由があるからだ。

三つ目は、賃料収入には所得税がかかるからだ。当然物件の減価償却費、管理費、固定資産税、新しく借り換えたローンの金利は控除されるが、それを超える収入には所得税がかかる。その差額の所得が一〇〇〇万円あるとすると、それに対して総所得によって決められた税率をかけた数十万円の税金を納めなければならない。

四つ目は、自己所有の物件に五年以上住むと、売却損が所得税から控除できる点がある。五年住んで購入価格から一五〇〇万円安く物件を売って買い換えるとすると、その分は所得控除に回せるのだ。つまり、課税所得が年間五〇〇万円だとすると一五〇〇万円損した分は三年間の所得控除ができるから、所得税も住民税も三年間払わなくていいのだ。ただし、これには細かい要件がいろいろあるので一概に税金が安くなるとはいえない。

住み替えるのであれば、マンションは売るに限るといったのは、このような理由からだ。ただし、現在の市況と法制度に基づく試算であり、それらが大きく変わった場合には成り立たない議論であることは明記しておきたい。

このように持ち家を貸すか売るかという例ひとつとっても、ゲームのルールを知っているかどうかで結果が大きく異なるのだ。

5章

こうすると投資は失敗する

Rule No.1: Never lose money.
Rule No.2: Never forget rule No.1.
——Warren Buffet

ルールその１、絶対に金を損するな。
ルールその２、そのことを絶対に忘れるな。
——ウォーレン・バフェット　山崎将志 訳

やっぱりお金は増やしたい

これまで、本業で頑張ることが所得を増やす一番の方法であると述べてきた。しかし、ほぼ年功序列に近い会社に勤めていたり、自分でビジネスをやったりするのは性に合わないという人もいる。そういう人にとって一番いい方法は、今の所得と、将来予定されている所得の中でライフプランを立てることである。

今の仕事を気に入っていて、周りからも期待されていて、人間関係もよい。家族が仲良く、地域社会と程よく交流し、個人的な趣味の時間も十分にとれる。私は、それが一番の幸せであると思う。

しかし、いろいろな事情があり、今の仕事ではどう頑張っても最低生活費（二一八ページ）程度しか稼ぐことができない人もいる。あるいは、十分な余剰がありつつも、欲が深い人もいる。そういう人たちにとっては、本業以外に所得を得る手段が必要だ。それが、副業である。

副業といってもいろいろある。まず、簡単なのはアルバイトをすることである。つまり、追加の労働力を本業以外の場所に提供し、投下時間に応じた給料をもらうことである。しかし、よほど体力のある人でないと続かない。場合によっては、本業がおろそかになり、両方立たずという結果になりかねない。さらに、労働力をお金に換えるような仕事は将来性がないので、お金以外に何も残らないものである。

もうひとつは、将来の本業を探すことを目的として小規模ビジネスを営む方法もある。これは、非常によいことだと思うし、その方法は別途一〇〇ページに述べたとおりである。

三つ目は、投資である。欲が深い人にとっては、最も魅力的に映るものが投資である。マネー誌で「ラクして月に〇万円」などと謳われるように、お金と労働力の交換でもないし、お金が働いてくれるように見える。

はたして、本当にそうだろうか。本章では、この投資について検討してみることにする。

お金は銀行に預けたほうがよかった……

貯蓄から投資へといわれて久しい。二〇年以上も続く低金利時代、「お金は銀行に預けるな」といわれて、株式、投資信託、債券、外貨預金にＦＸなどの金融商品に手を出した人も多かろう。しかしその人たちの大半が、資産を減らしているようだ。なかには、退職金を投資信託に突っ込んだり、親の遺産をＦＸですっかりかんにしてしまったりと、悲惨な状況に陥ってしまった人の話も耳にする。

少なくともこの二〇年の株式市場を振り返ってみると、「やっぱり、お金は銀行に預けたほうがよかった」ということになる。たしかに低金利ではあったが、少なくとも名目ベースでは持っているお金は減っていないのだ。

ここで私が非常に「残念な投資家」であることを告白したい。この一〇年ほど株式投資を中心に取引を行ってきたが、相当な金額の損を出している。とてもじゃないが妻にはその金額を打ち明けられない。話したら、それこそ銀行の通帳と印鑑をすべて没収されてしまうに違いない。それくらいの規模のロスを出している。ちなみに、一年を通じてプラスになった年は一度もなく、未だにどうしたら儲かるのかさっぱりわからない。しかし、汗水たらして働いたお金が、どのようにしたら市場に吸い込まれていくのかは、払った授業料の分、十分に学習した（勉強時間は多いが成果が出ていない人が残念な人の典型だ）。

結論からいうと、本書を読んでいるほとんどの方に、金融商品への投資はやめたほうがいいとアドバイスしたい。私が大金を失ってきた経験から、金融商品に投資してリターンを得るためには、少なくとも以下の七つの条件が必要であると思う。これらはいわゆる投資の専門家や、各種アドバイザーがマネー誌などで語っている意見とは異なるかもしれない。

① 一年間で投資から得たい金額の二〇倍の投資資金を持っている。
② その投資資金が半年でゼロになっても、仕事ですぐに取り返せる自信がある。
③ 投資のお金をゲームの得点と同じように考えることができる。
④ 毎月分配型の投資信託がなぜ損なのかを説明できる。
⑤ 未曾有の事態が起きたときこそ資金を投入することができる。
⑥ 投資に関するメディアの情報はあてにしない。
⑦ これからの日本経済、あるいは世界経済は上向くと信じている。

すぐにこれら七つの条件がなぜ必要なのかの説明に入りたいところだが、その前に私がなぜこう考えるに至ったかという体験をお話しするところから始めたい。実際に金融商品に投資をし、相当な量の情報収集や勉強をした結果得られた、いわば〝失敗の鉄則〟のようなものだ。これら七つの条件に当てはまらないが、それでも金融商品への投資をやりたいという方は、ぜひ私と同じ轍を踏まないよう、参考にしていただければと思う。

これからする話は、すでに投資で十分満足できるリターンを継続的に得られている数少ない成功者の方から見れば、単なる負け惜しみに聞こえるかもしれない。

実際そのとおりである。悔しいのです。ごめんなさい。投資で成功されているあなたには、敗北者である私からは何も申し上げられることはありません。

すでに、先述の七つの条件に当てはまらないから金融商品への投資はやーめた、とお考えの方は、笑い話として読んでいただければ幸いである。

なお、〝投資〟という言葉は多くの意味で使われる。他の章では、自分の会社や関連会社へ資金を投じたり、自分の時間を使ったり、自分のために何かを買うことを意味する〝自己投資〟などの意味合いで使っているが、この章では〝公開市場で売られている金融商品を買うこと〟という意味で使うことにする。さらに、〝投資〟と〝投機〟は違う、という意見があるが、この区別はせずに話を進める。なぜなら、それらは言葉の定義として明確にすることはできるが、個別事象に対する意思決定が投資と投機のどちらかに当てはまるのかは、誰もその時点ではわからないからである。あとになって結果としてわかるだけだ。

はたから見れば〝投機〟行動にしか見えないことも、本人にとっては〝投資〟行動だったりもするのだ。

まずは出鼻をくじかれる

まず最初の失敗は、二〇〇〇年頃に遡る。ちょうどＩＴバブルといわれていた頃のことだ。株価が上がり始めてこれからは投資の時代だといわれていた。「投資の時代到来」、とは株式市場ができてからずっといわれてきた言葉なのだろうが、少なくとも当時二〇代後半だった私には新鮮に聞こえた。あらゆる言葉は大昔から存在するが、人が必要としているタイミングで耳にすると、それがとても新鮮に聞こえ、まるで長い間自分が探していたものをやっと見つけられたような嬉しさを感じるものである。

また、二〇代後半といえば、仕事の全体像も見えてきて、もっといろいろとアグレッシブにやりたくなる時期である。特殊な無駄遣いさえしていなければ、少しくらいの余裕資金も持っている。そんな年齢であることもあり、周囲の人たちは「株だ、株だ」といっていた。会社の先輩はソフトバンク株の値上がりで家を買ったという。私は株についての知識はほとんどなかったので、とりあえず投資信託を始めることにした。後述するように、投資信託から始めることからしてセンスがないのだが、いかんせん知識も経験もなさ過ぎた。それでも、いろんな証券会社から資料を取り寄せて自分なりに吟味した結果、アメリカの最大手の一角を占める会社が運用している、「グローバル・バランス・ファンド」なるものを買うことにした。

目論見書（その投資信託の特徴を購入者に説明する文書）を見ると、過去は順調に運用成績を上げている。中身はよくわからないが「グローバル」で「バランス」という言葉が、何とも壮大かつ安定して見えるではないか。これは上がるに違いないとなぜか思い込み、購入を決めた。

早くリターンを上げたいので、資金を一度に入れようとも思ったのだが、なにぶん初めての試みである。最初の一歩は慎重に踏み出さねばならない。初心者向けの投資指南書にドルコスト平均法（一定の間隔で一定の金額ずつ同一の金融商品を買い付ける方法）がよい、とも書いてあった。

そういうわけで、まずは当時の給料一ヵ月分を購入し、あとは毎月一万円を買い増していくことにした。この時点での基準価額（投資信託を売買するときのひと口あたりの値段のこと）は、一万四〇〇〇円くらいだったと記憶している。なお、購入手数料は三・一五%、信託報酬は年一・六%である。この手数料の問題はあとで詳しく述べたいが、ここではこの率で納得した、ということを記すだけにとどめる。

最初の数ヵ月は順調に基準価額が伸びていき、ときどきネットを見ながらにやにやしていた。基準価額が上がっていくのは自分の実力のような気がする。本当は、限られたものから選んで買っただけで、何もしていないにもかかわらず、自分は金融商品を見る目があるのだと錯覚してしまう。不思議なものである。あとにも説明するが、この錯覚は本当に恐ろしい結果を招く。

しかし、楽しかったのはほんの数ヵ月のこと。一万五〇〇〇円をピークに、基準価額はじりじりと下がり始めた。いわゆるＩＴバブルの崩壊である。約一年間にわたってずるずると基準価額を下げ、二〇〇一年九月には同時多発テロが起こって株式市場が暴落した。

私は投資を始めたばかりで、お金が減っていくのに慣れていなかった。たかだか（と言ってはいけないのだが）数十万円のお金が目減りしていくのに日々ストレスを抱えていた。そして、テロ後の暴落を見て恐怖を感じ、もうこれ以上積み増やすのはやめようと、毎月の積み立てをストップした。二〇〇一年一二月頃のことである。

投資したファンドの基準価額の推移
(2011年11月現在)

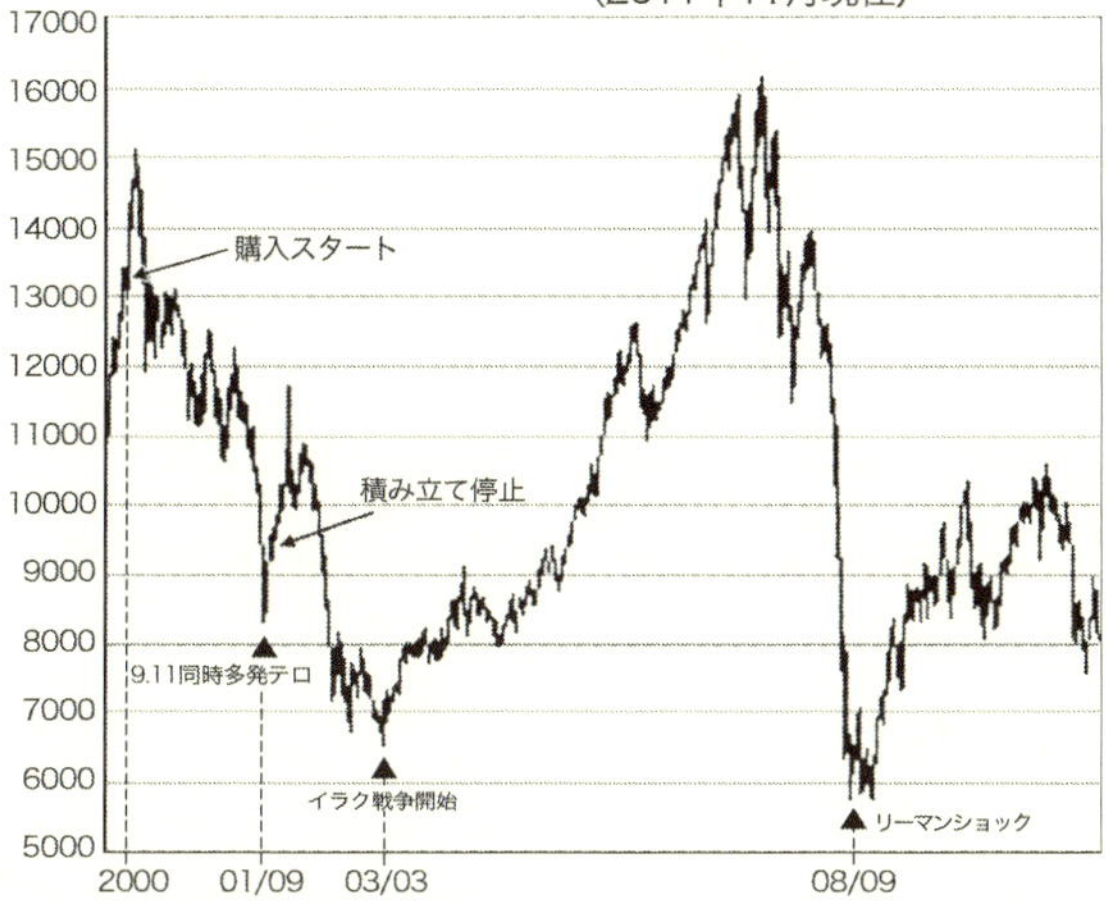

最初に入れたお金と、月々の一万円を二〇ヵ月ほど積み増やした投資額は、約七〇％に減っていた。そこで現金化するのも悔しいので、そのまま上がるまで放置することにした。

面白いもので、もうこれ以上損するのは嫌だと思ってやめた途端、株価が上昇に転じ始めた。「なんだ、買うのやめると上がるんだよな」と地団太を踏んでいたら、二〇〇二年半ばに小さなピークをつけて、また下がり始め、二〇〇三年の三月にボトムを打った。イラク戦争が始まったときである。結局、その後も株式市場は上がったり下がったりを繰り返しているのはご承知のとおりであるが、二〇一一年一一月現在で、まだこの塩漬けファンドは投資額を上回っていないうえに、毎年信託報酬の一・六%を吸い上げられている。
前ページの図が、私の投資したファンドの基準価額を示したものである。いかにタイミングが悪かったのか、おわかりいただけると思う。

世間が騒ぎ始めたときがピーク

買ったら下がり、売ったら上がる、というようなことが投資の世界では常にある。投資の格言のひとつに、「もうはまだなり、まだはもうなり」という言葉がある。〝もう天井だろう〟と思ったときには〝まだ天井ではない〟という視点を持て、〝まだ底ではない〟と感じたときには〝もう底だ〟と考えろ、ということである。わかったようなわからないような格言だが、要するに投資の世界は「わからない」のだ。

情報には広がり方というものがある。体験的に感じたこととして、女性週刊誌とかテレビの情報番組で株のことを言い始めた頃が株価のピークであり、また逆にテレビの朝の番組などで〝株価の下落が止まりません〟といった話題が出てきたら株価の底が近かった、ということがある。

投資で最大の効果を上げるためには、最初に動く必要があるが、相場が動くような情報はどう伝わるのか。

まず、生き馬の目を抜くような金融マーケットの世界の一〇〇人くらいしか気づいていない情報がある。ものすごく頭が切れ、動物的ともいえる嗅覚を持った人たちだ。そういう資金も先見力もある人たちが今後の流れを予測し、あるいは今後の流れを仕掛けようとして動き出すのが最初。それに基づいて欧米の金融機関やヘッジファンドのトレーダーたちが動き出すのが二番目。それがおそらく一〇〇〇人くらいだ。この一〇〇〇人が動き出すと今度は三番手くらいに日本の機関投資家が動き出す。

世界の先頭から三番手集団である日本の金融機関が動き出すと、新聞で取り上げられ始める。残念ながら、日本のメディアの記者はトップ集団の一〇〇人や、二番手集団の一〇〇〇人にアクセスできない。名刺交換くらいはしたことがあるかもしれないが、タイムリーに本音を聞けるような関係ではない。だから、〝情報がとりやすい〟日本の金融機関に聞く。行くべきところに行かず、行きやすいところに行く営業マンと似ている。それも、現場のトレーダーではなく、広報を通して社長や担当役員などに聞く。だから、そもそも情報が遅いうえに、リアルな情報ではない。

とまれ、それらの情報が新聞紙上に取り上げられ始めると、四番目がマネー雑誌とかテレビの金融番組やニュースになる。五番目がテレビの情報番組や週刊誌になる。

儲かるためには最初に動く必要がある。あとで動いても儲からない。動き出さなければいけないタイミングというのは、この一か二番目のタイミングだ。早い人でも三番目くらいだが、これはまだ間に合うだろう。しかし、だいたいの人が四番目から動き出す。私もそうだった。だから負ける。早く動かず、みんなが動いたあとに動いてうまくいくわけがない。この点では、一般のビジネスと同じである。

退職金や年金の原資が減ると、どんよりする

日本版４０１ｋも同様だ。近い過去に個人年金が盛り上がった時期が二回あったが、それらは二回とも、ライブドアショック、リーマンショックの直前で株価が上昇基調を強めていたときである。

二〇代や三〇代の若い人ならともかく、四〇代、五〇代の人は、将来に給料で稼ぐ期間

が少ない。そんな人たちが、確定給付年金の原資を、株価がピークを極めつつあるところに突っ込み、半値になってしまったら目も当てられない。

しかし、そのような悲しい例は枚挙に暇がない。私がしばらく前にお会いした方は、早期退職制度で五〇歳で引退したのだが、また別の会社に勤めている。理由は投資に失敗したからだ。二〇〇三年頃、一億円近い割増退職金を得て、最初はその一割くらいを株式市場に投入した。面白いように上がるので、投下資金をどんどん増やしていって、退職金の半分くらいを投入したところで、ライブドアショックが起こる。結果三割ほど退職金が減ってしまったそうである。

他にも、勤めていた会社の年金制度が４０１ｋに移行した人の例がある。４０１ｋ制度とは企業年金の一種で、従来の確定給付年金とは違い、年金支給額が運用次第で変わる確定拠出年金である。社員は安全性商品から投資性商品まで、会社が用意したラインアップの中から自ら選んで運用する。

その会社では二〇〇七年にそれに移行したとたん、リーマンショックが起こり、年金の原資が大幅に減ってしまった。こうなると、勤めている人の多くは仕事どころではなくなってしまう。投資に慣れている人なら、多少の上げ下げは気にならないものだが、そうでない人は、お金が減ることがストレスで仕方がない。しかも、金額が数百万単位と大きく、かつそれらは退職後に受け取る年金である。

職場の雰囲気は相当暗いという。本業の業績が悪いから雰囲気が暗いというのは仕方がないと思うが、自分たちではコントロールできないことによって、職場に暗雲が立ち込めるのは本当によくない。

これはタイミングが悪かったという話であるが、タイミングが悪いときはいつでもある。やはり、余裕資金以外を投資に向けるとこういうことになるという、典型的な例である。

ライブドアショック

私自身の話に戻るが、二〇〇三年に自分も会社を始めたこともあり、金融商品への投資には興味がなくなっていた。しかし、二〇〇三年に底を打った株価は上昇基調に転じ、再び「貯蓄から投資へ」の機運が高まってきた。私も多少ではあるが仕事の基盤ができつつあり、少しばかり余裕が出てきたので新しいことをやってみようと、今度は投資信託ではなく株式をやってみることにした。きっかけは友人の話である。

二〇〇五年頃の話だが、なんでも、その友人は消費者金融からつまんだ五〇万円を元手に、資金を一〇〇〇万円まで増やしたという。とにかくマザーズなどの新興市場がアツく、面白くて仕方がないという。

まず私はインターネット証券会社に口座を作り、その友人にやり方を教えてもらい、いわゆるデイトレードのようなものをやってみた。注目されている銘柄の五分足チャートと板を、PCの画面いっぱいに表示する。そして、急に出来高が膨らんだり五分足チャートの移動平均線を上に抜けたなど、何か変化があれば、タイミングを見極め売り買いする。

やってみたところ、なんだかもぐら叩きゲームのようである。ときどき勝てることもあるが、ほとんどのケースで資金を減らして手仕舞いすることになる。タイミングが遅いのである。私は勝てない理由を判断力の遅さに求め、その改善にいろいろ努力するも、資金は減る一方であった。

ちなみに当たり前であるが、デイトレードが行えるのは、平日の昼間である。つまり、普通の人が仕事をしている時間だ。最初は私は外出がなく事務所にいる日だけチョコチョコとやっていたのだが、だんだんトレーディングの時間が本業の時間を侵食し始めた。

たとえば、ある日の一〇時から一二時まで顧客先の訪問があるとしよう。すると、マーケットが開く朝九時頃に顧客先の近所にあるコーヒーショップに行き、株式市場の寄り付きの様子を眺める。そのあといろいろと情報収集をし、朝の仕込みをしてから打ち合わせに行くのだが、打ち合わせ中も株の動きが気になって仕方がない。なにしろタイミングを逃すと一瞬でやられてしまう。

外に行かない日は、九時から一五時頃までずっとPCの前に張り付いている。タイミングを見ながらピリピリしているので、市場が閉まるとどっと疲れが出て、そのあとは仕事にならない。だいたい損して終わるので、ストレスも相当なものである。

二ヵ月くらいこの生活をしてみて、ほとほと嫌になってしまった。私には向いていない。負けている理由は自分でもわかっているし、どうすればよいのかもわかっているのだが、行動ができないのである。ちなみに、負けるパターンは以下のような感じである。

そもそも、勝ち経験が少ないので、勝つ自信がない。資金が減る一方だから、買った株が下がり始めると、もうこれ以上下がるのは嫌だからと、うろたえて売ってしまう。少し勝つと、せっかくの勝ちだから確保しておこうという心理が働き、少しの値上がりで売ってしまう。よって、負けは大きく回数は多いが、勝ちは小さく回数が少ない、というサイクルに入っていく。

相場が下がったなというときには、みんな売る。しかし、売る理由にも二通りある。ダメな人は私のように狼狽売りして、怖くなり手が出せない。相場観のある人は、売って一旦現金に換えるが、その理由は底打ちしたあとの上昇相場で買い戻すためである。

いずれにしても、数ヵ月で手持ち資金を相当減らした。二〇〇五年のライブドアショックのときには幸いにもポジションを持っていなかったのが、不幸中の幸いである。

ちなみに、私に投資術を指南してくれた友人は、同じ時期に証券会社に転職してトレーダーになったのだが、ライブドアショックもあり、一年もたずに元の仕事に戻った。本業トレーダーになったらまったく勝てなくなってしまったが、その理由は動かしているのが他人のお金で、しかも金額が大きいことからビビってしまったからだとあとで話してくれた。

ガセネタで大損

私はこのあとに、ガセネタを信じてさらに失敗しているが、そのエピソードも紹介しよう。

少し前に不動産ファンドという業態がもてはやされており、投資家から多額の資金を集めていた。不動産ファンドとは、優良（と彼らが独自に判断した）商業ビルやマンションを買い、リフォームなどをして賃料を値上げすると同時に、傘下の管理会社を使って管理費用を下げることで、賃貸の利益率を向上させるというビジネスだ。

二〇〇〇年代後半は数多くの新興不動産ファンドが上場していた、ダヴィンチ、パシフィックマネジメント、アセット・マネジャーズ、リサ・パートナーズ、フィンテックグローバル、リプラス、ゼファーといった会社が投資先として人気があった。実際に最大手のダヴィンチなどは、就職先としても人気ランキングの上位に顔を出していた。

しかし、上記の会社のほとんどは、リーマンショック後に姿を消した。結局は、バブルだったわけだが、ここでの本題はそれではない。

アーバンコーポレイションという会社があった。商業ビルではなく、マンションを中心として投資している不動産会社で、新聞の金融欄やマネー誌などでは、超有望株として常に注目されていた。二〇〇五年のライブドアショック直前に、三〇〇〇円弱の最高値をつけている。

しかし、二〇〇七年後半からのアメリカのサブプライムローン問題や姉歯ショックを発端とした建築基準法改正の影響によって不動産市況が冷え込む中で資金繰りが悪化。株価も急降下し始めた。それ以降は私も注目していなかったのだが、二〇〇八年七月に、金融機関六社に融資の見返りに担保提供していた社長の保有株の担保権が実行されたという新聞記事を見たので再びウォッチしていた。

そのあとのある日、たまたま飲み会で出会った金融機関の人と話していたら、この会社には外資系証券が多額の社債を引き受けるという情報があるという。

その夜、家に帰って株価を見てみると、まだ反応していないようで相変わらず下げている毎日である。翌朝一株二〇〇円くらいで二〇〇〇万円の資金を投じて株を買った。私はそのニュースを毎日今か今かと待ち望んだ。何日かすると、フランスの大手金融会社BNPパリバが三〇〇億円の社債を引き受けるという発表があり、株価は一八〇円まで跳ねる。よし、やったぞ！　嬉々として何日かを過ごしたのだが、それも束の間、実は調達額はその三分の一以下の金額だったということで、連日のストップ安。一五〇円程度で止まったあと、ダラダラと下げ始めた。

私もここでやめておけばよかったのだが、なぜだかもっとよい情報が出てくるのではないか、これだけ業績を伸ばした経営者だから何とかするはずだと、今思えば何の根拠もない期待を抱いて保有し続けた。その後数週間が経ち、ついにアーバンコーポレイションは破綻を発表。約五〇円程度で泣く泣く株を売却し、たったの一ヵ月で一五〇〇万円の損を出した。

普通のビジネスでは、おそらくこうした会社とは取引しないだろうし、根拠のない淡い期待を持つこともない。しかし、私はこと株になると、冷静な判断ができないらしい。かくして、これら三回の大損、その他書き記すまでもない小額のロスの積み重ねを経て、株の取引はやめてしまった。

FXなら勝てるかも⁉

これらの損失からだいぶ頭が冷えてくると、だんだんと悔しくなってくる。なにしろ、投資に関する本は王道の教科書のようなものから、チャート分析のようなマユツバモノの指南書まで大量に読んだ。新聞は毎日チェックしていたし、証券会社各社から出ている引け後の市況分析レポートの熟読も欠かさない。これだけ時間と労力を使ったにもかかわらず、儲からないのは、何かがおかしい。

そうだ、私の能力がないのではなく、市況が悪いのだ。信用取引をやらなければ、常に株価が上がっている局面でしか儲けられない。相場が下がっているときにでも儲けられることをやれば、自分もうまくやれるのではないか。

そこで検討したのがＦＸである。ＦＸとは外国の通貨を買売して、利益を出す取引のことだ。外貨取引は、倒産して株価がゼロになるようなことはないから、先述のような悪夢からは解放される。何かあっても、二四時間取引が可能だから、いつでも資金を引き揚げられる。また、ＦＸではレバレッジをかけることができ、小額の資金で、大きなお金を動かせる。やっと自分の実力が活かせる場が見つかった！

今思えば、実に頭の悪い理屈なのだが、当時は本当にそう思っていた。そして、再び新たな失敗が始まるのである。

私の体験をお話しする前に、念のためＦＸについて簡単に説明しておこう。利益が出る仕組みは二つある。ひとつはレートの差益から生じるもの。

たとえば、「一ドル＝一〇〇円」のときに一〇〇〇ドル買うとする。このときの一〇〇〇ドルは一〇万円だ。円が安くなって「一ドル＝一一〇円」になったら、手持ちの一〇〇〇ドルは一一万円に交換できるので、一万円利益が出る。

逆に円高で「一ドル＝九〇円」になったら、手持ちの一〇〇〇ドルは九万円になり、一万円損をする。

もうひとつは金利差だ。

日本の金利が〇・一％でオーストラリアの金利が五・〇％のときに、オーストラリアドルを買うとする。すると、二国間の金利差は「五・〇％―〇・一％＝四・九％」だから、オーストラリアドルを保有中はずっと年間四・九％もの金利を受け取ることができる。この二国間の金利差に該当するものを、ＦＸの世界では「スワップポイント」と呼び、取引額と期間分の金利をスワップポイントとして受け取ることができる。当然、金利差が逆の場合にはスワップポイントは支払うことになる。

ＦＸの取引においては、この金利に相当するスワップポイントは通貨の変動幅に比べると極小なので、全体の収益には短期ではあまり関係がない。外貨預金をやったことがある人なら経験があると思うが、たとえば一〇〇万円分のドルを預けて、一年間で金利が二万円ついたが、為替が変動して元手が八〇万円になってしまう、というようなことが普通にある（もちろんその逆に得するときもある）。

外貨預金とＦＸが大きく異なるのは、〝レバレッジ〟がかけられるという点である。先ほどの例で、「一ドル＝一〇〇円」が「一ドル＝一一〇円」になったら、一〇万円が一一万円になると紹介した。しかし、米ドル／円が一〇円も変動するには、相当な時間を要するかもしれない。時間をかけた割には一万円しか利益が出ないのは、せっかちな人にとっては魅力的ではない。もちろん、その反対の、時間をかけたが一万円のロスで済んだ、ということと表裏一体なわけだが、せっかちなトレーダーはどうしたらより儲かるかという点にしか目がいかないものである。

そこでFXでは少しのお金で大きなお金を動かせる「レバレッジ」と呼ばれる仕組みが提供されている。レバレッジとは自己資金を担保にして、その数倍～数十倍の金額の取引を行う仕組みである。

通常なら、一〇〇万円分の外貨を買うには、一〇〇万円の現金が必要だが、レバレッジを二〇倍にすると、五万円の現金で一〇〇万円分の取引ができる。すると何が起こるか。

今説明した二つのケースで、ドル円が一円動いたケースを比較しよう。

・レバレッジ一倍――手持ち資金一〇〇万円――リターン±一万円
・レバレッジ二〇倍――手持ち資金五万円――リターン±一万円
・レバレッジ二〇倍――手持ち資金一〇〇万円――リターン±二〇万円

せっかちな人には何とも魅力的に映るではないか。五万円の元手があれば、ドル円が一円動いただけで、一万円のリターンが出る。一〇〇万円の元手なら、二〇万円のリターンが出るのだ。

金額が増えると、セオリーどおりにいかなくなる

FXの短期取引を別の見方で検討してみよう。一円の変動の方向に賭ける確率二分の一の勝負――つまり、じゃんけん――に五回連続で勝てば、レバレッジが二〇倍なら資金が二倍になるということだ。じゃんけんに五回連続で勝つ確率は約三%。少し低いかもしれないが、一〇〇人いれば三人はこれを達成している。できない話ではない。

もう少し欲を抑えて三回連続で考えると、投資資金は一・六倍になる。じゃんけんに三回連続で勝つ確率は一二・五%。自分は運がいいし、これまで頑張って勉強してきたから知識もある。これならば達成可能だと始めてみた。

私がこれを始めた二〇〇九年頃は、レバレッジを最大一〇〇倍までかけることができた。

今は法制度が変わって、最大二五倍までに規制されている。

私は先ほどの試算で使ったレバレッジ二〇倍から始めてみた。

最初はビギナーズラックで、一円動いたら手仕舞いするという取引に三回連続で勝利し、自分には才能があると、また根拠のない自信を持ち始めた。そのあとは、何回か負けることがあったものの、勝つほうが多く、投資資金を二倍にするところまでは一ヵ月くらいで達成した。

これで調子に乗ってしまったのである。

さて、この先の顚末はあなたの期待どおりなのだが、もう少しそこに至るプロセスについてお話ししよう。

投資資金が一ヵ月で二倍になった。慎重な人は、「儲かった分はとっておくなり、別のことに使うなりすべきである」という。しかし、投資家は儲かった分は再投資する生き物である。これは、金融商品ではなく、ビジネスに対する投資でも同じことだ。ダメな経営者は、儲かった分はすべて自分のポケットに入れてしまったり、高級車などお金を生まないモノの買い物に使ってしまったりする。優秀な経営者は収益をビジネスに対して再投資する。もうこれ以上伸びないというところまでやった時点で、初めてポケットに入れるものである。

だから、私は儲かった分を再投資した。どれだけ金額が大きかろうが、収益を生む取引の理屈は同じはずである。y=axの公式の、aの部分がやり方だとすると、aは金額によって変わらない。投入するxを増やせば、比例してリターンであるyが出るはずだ。

資金を四倍くらいにするところまでは、時間がかかったが何とか到達した。当然、投下資金も四倍にする。しかし、それを超えるととたんにうまくいかなくなってきた。理屈上は金額の大小にかかわらずやることは同じなのだが、怖くなってくるのである。先述の株屋になった友人の心理はこのことか、と思った。相場には変動があるから、たとえば上がると予想していても下がることもある。いろいろ分析して上がると信じているときは、多少は下がっても損切りせずにそのまま持っているものなのだが、金額が大きいと耐えられなくなる。たとえば、今までは一〇万円の一時的な含み損なら耐えられたのだが、同じ割合で掛け金が倍になると二〇万円の含み損になる。四倍だと四〇万円だ。それにビビり始めるのである。〝五%〟のロスは許容範囲だが、〝四〇万円〟のロスは耐えられないのだ。

こうして、かなり小心者の私は、〝率〟ではなく〝額〟に負けてしまう。一定の率ではなく額を損すると、手仕舞いをしてしまうようになる。そうなると、もう最初に決めた売買ルールからどんどん外れていくから、ロスカット（それ以上の損失を抑えるため、自分の意思で反対売買すること）ばかりでほとんど勝てなくなり、資金は徐々に減り始めた。

倍々ゲームは、一発のショックですべてパーになる

掛け金が大きくなってくると、ストレスがどんどんたまってくる。始めた当初は、実績はないがすでに投資経験は一〇年近くになり、ＩＴバブル、ライブドアショック、リーマンショックも経験したこともあり、わりあい平然としていて、早朝と昼間少し、あとは夜寝る前の三回くらい、ちょっと相場をチェックする程度だった。しかし、だんだん頭の中がＦＸに侵食されてくる。昼間の仕事の時間も気になってしょうがない。夜家に帰っても、常にＰＣの電源を入れて机やベッドの横にいつでもチェックできるように置いてある。なにしろＦＸは二四時間できるから、逆にこれが仇になってきた。夜も相場が気になって寝られない。

こうして調子を落としているうちに、事件が起こる。平時には為替相場は一日にそんなに大きくは動かない。だから、せっかちな人はレバレッジをかけて大きなリターンを狙う。

強制ストップロスの仕組み
1ヵ月後に100万が105万になるとする…

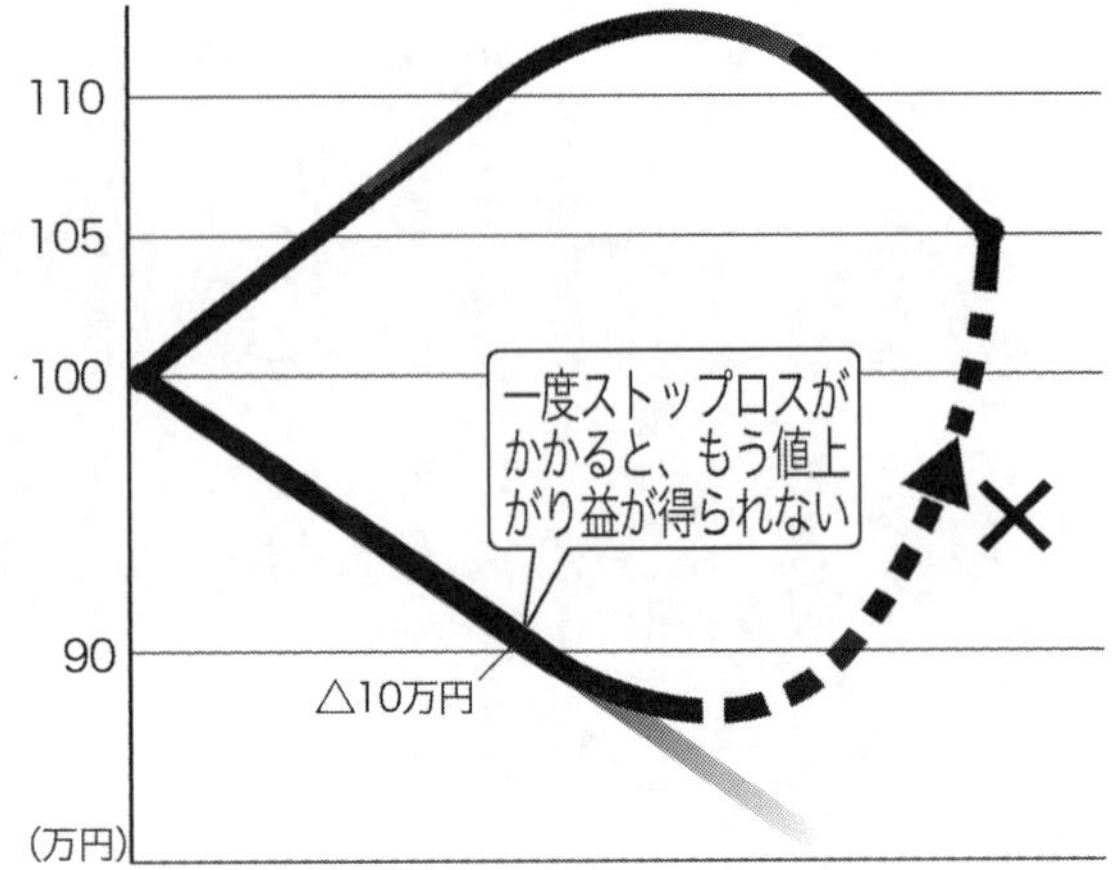

しかし、このレバレッジをかけられる裏側には大きな罠があり、これがFX特有のどうしても勝てない理由になっている。

それは、「強制ストップロス」という仕組みである。一定の含み損が出たら、持ちポジションが自動的・強制的に決済されるというものだ。要は、投資家が元手以上の莫大な損失を出す（残高がマイナスになる）前に、FX業者の側で強制的に損切りしてしまう、という制度である。

強制ストップロスは、もともとは投資家保護のための仕組みであることは間違いない。しかし、これが発動されると利益確定がうまくできないうちに、強制的な損切りだけが積み重なっていく。特に、高レバレッジの取引では、わずかな値動きでも大きな含み損になるため、強制ストップロスにかかりやすい。実際に、私が為替相場をウォッチしている感覚でいうと、少なくとも月に一度は、ほんの一瞬ものすごい値動きをすることがある。

それ以外にも、各国の新しい方針が急に打ち出されることで相場が大きく動くこともある。つい先日も、政府が円高対策で市場介入をしたが、これで大損した人も大量にいるはずだ。その前もスイスがスイスフランをユーロ連動に近づけることを決定したが、これで被害にあった人もいるだろう。それまでスイスフランは超人気通貨で、リーマンショック後の三〇ヵ月間、円に対しても右肩上がりで、その発表前には一スイスフラン一〇八円までいったのだが、その発表後に急落し九八円になった。四日間で一〇円の暴落である。もし、自己資金一〇〇万円で、二〇倍のレバレッジいっぱいに買っていたら、たった数日で約二〇〇万円の損失である。もちろん、ストップロスシステムがあるので、一〇〇万円前後の損失で止まるが、それでも投資額のほとんどが消えてしまう。

自分にとってプラス側に動くのかマイナス側に動くのかは、確率五分五分である。しかし、ほんの一瞬のことだから、プラスになった場合にはそれを想定していないために利益確定ができない。一方で、強制ストップロスは必ず行われてしまうのだ。

ストップロスで決済されてしまうと、また少ない金額で一からやり直しである。今度は逆に、今までの勝ち分のイメージがあるから、少額のリターンでは満足できない。だから、どんどんリスクをとっていく。リスクをとると強制ストップロスになる確率が上がっていく。その結果、どんどんお金を減らしていくわけだ。

元手が少ない強欲な人は、投資では勝てない

結局のところ、「元手が少ない強欲な人」は、投資では勝てないと思う。ここではFXを例にとっているが、他の金融商品でも同じことである。FXは少ない資金で大きなリターンが得られるように〝見える〟から、例としてうってつけなだけである。

私が考える理由はこうだ。

FXは一〇〇万円の元手が、すぐに一五〇万円になるような可能性を持っている。しかし、同時にそれがすぐに半分の五〇万円になる可能性と表裏一体である。しかし、強欲な人はプラスの機会をとりにいくから、後者の可能性について理解はしていても自分には起こらない、あるいはうまく避けることができると考える。

ＦＸで100万円を
投資したときの可能性

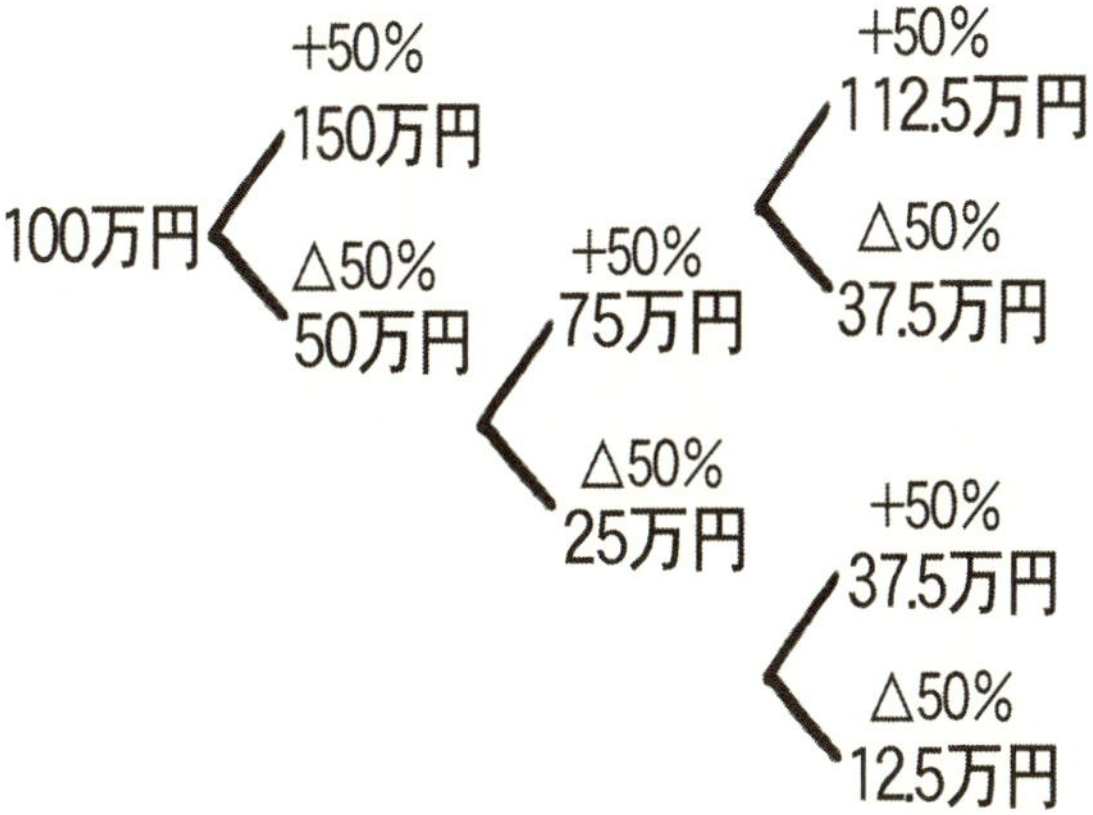

一〇〇万円が一五〇万円になるような取引をするとしよう。投資資金を増やして同じことにもう一度成功すれば、資金は二二五万円に増える。このじゃんけんに五回連続で勝つと資金は七六〇万円になり、一〇回連続で勝つと、なんと五七六六万円になる。

一方で、一〇〇万円が一度五〇万円になると、一〇〇万円にもう一度戻すためには、二回勝たなければならない。つまり、一回負けると、次に同じ収益率の勝負をしても、元には戻らないのだ。なぜなら、この勝負は〝足し算〟ではなく〝掛け算〟だからである（念のため五〇万円の一・五倍は七五万円、その一・五倍は一一二万五〇〇〇円である）。

このように、一回負けると取り戻すのが大

変である。しかも、連続で負けると、元に戻すのが本当に大変だ。先ほどのリスクの取引でいうと、三回連続で負けると一〇〇万円は一二万五〇〇〇円になってしまう。一二万五〇〇〇円を一〇〇万円近くに戻すには、五回連続で勝たなければならない。

運よく勝っていても結局は同じだ。一〇回連続で勝って得た五七六六万円は、六連敗で元手の一〇〇万円を切ってしまう。

これは、かなりシンプルな前提を置いてはいるものの、小学生レベルの掛け算の話である。ある金融資産がプラスに振れる割合とマイナスに振れる割合が短期的に同じだとしても、結果として得られるリターンの実額のプラスとマイナスの関係は左右対称ではないというのが本質だと思うのだ。加えて、強制ストップロスにより一瞬で総投入額に近い金額を失うような動きがときどき（月に一回くらい）起こる。だから、なかなか勝てないのである。

しかし、ＦＸで大勝ちしている人もいるではないか、との意見もあるが、それもごもっともである。一〇〇人の勝ち抜き戦のじゃんけん大会をやれば、だれか一人は勝つ人がいるのである。厳密には市場は大人数の勝ち抜き戦と同じではないが、多くの人数がいれば誰か勝つ人がいてもおかしくない、ということである。

投資の資格がある人の条件

さて、冒頭の七つの条件の話に戻りたいと思う。これらの条件が必要だと思う理由は、今までの話の中でバラバラと触れてきたのだが、ここで一度まとめることにする。

①　一年間で投資から得たい金額の二〇倍の投資資金を持っている（資金）。

多くの投資情報を整理すると、だいたい、低めのリスクで安定的に収益を出すためには、年率三〜五％くらいと考えるのが妥当だといわれているように思う。この先、本当にその割合のリターンが期待できるかどうかは誰にもわからないが、少なくとも過去の推移を長期にわたって見てみたときの実績は、株式で約八％、債券で約五％程度である。もちろん、あくまで過去の平均であり、単年度を見るとそれより大きかったり少なかったりする（リスクが小さいというのは、その振れ幅が小さいということである）。

ここでは、過去数十年の債権による年平均リターンである五％が現実的なリターンであると仮に考えることにしよう。この前提に立つと、一〇〇万円の投資に対して、年に五万円（税払前）の収益が出る。

さて、あなたは一〇〇万円の投下資金に対して、五万円のリターンでどれくらい満足するだろうか。十分満足だと答えたあなた。堅実で素晴らしいと思う。しかし、投資を始めるには多くの本を買って、毎日とはいわないまでも常に市場に関する情報収集をし、あらゆる金融商品を検討して、どのような金融商品を買うのかを決断しなければならない。場合によっては、仕事の時間中もリスク回避のために取引をしなければならない局面に遭遇することもある。つまり、多くの時間を使わなければならないのだが、それだけの投下時間に対して五万円のリターンで満足しますか、ともう一度聞きたい。おそらく、多くの人は満足しないだろう。では、いくらなら満足するだろうか。年間五〇万円？　一〇〇万円？

いやいや、年収と同等の四〇〇万円くらいのリターンがないと満足しない、という人もいるだろう。

その額のリターンを年率五％で得ようとしたら、元手がそれぞれ一〇〇〇万円、二〇〇〇万円、八〇〇〇万円必要な計算になる。

「そんな金額の元手がないから、投資でお金を増やそうとしてるんじゃないか！」という反論はごもっともである。しかし、「低リスクで」と考えると、どうしてもリターンは五%だ。少ない元手で大きなリターンを得ようと思えば、低リスクと矛盾するのである。

投資でどれくらい儲けたいかを考える際には、リターンの率ではなく、得たい収益から投資資金を逆算する必要がある。するとどうしてもリスクと元手の話になってしまう。そうすると、私も含めた一般の人で、低リスクの投資により満足できる人は非常に少ないのではないかと思う。よく、投資をする理由のひとつとして〝お金に働いてもらう〟という表現を耳にすることがある。しかし、残念ながらお金そのものは働かない。お金は判断力を持っていない。判断するのは人間だ。判断するには時間を使わなければならない。

会社のトイレで携帯電話をいじって取引している人が結構いるとの話もよく耳にするが、投資をするということは、それなりの、いやかなりの時間を費やさなければならない。とてもじゃないが、片手間でやって収益が出るような代物ではない。

あらゆる人間には時間単価がある。その人の時間単価に合わない仕事は、投資以前の問題として、やらないほうがマシである。

ちなみに、老舗プライベートバンクのファンドマネジャーに話を聞くと、安定的に満足のいくリターンを期待するには、最低一〇億は要るという。一〇億あれば、投資を分散させるポートフォリオを組むことでリスクを管理することができ、平均して年率五％くらいの収益を安定的に出すことができるという。そもそも、それくらいの金額がないとファンドマネジャー自身のコストがまかなえないというのも当然あるが、少額の元手では金融商品を買う手数料が高くなってしまうし（手数料は購入金額が大きいほど安くなる商品が多い）、リスク分散もできないから、結果として安定したリターンが出ないということなのだろう。

それなりの時間を費やすとなると、やはり求めるリターンの額も大きくならざるを得ない。しかし、元手が少ないとなれば、高リスクの取引を選択せざるを得ない。

逆にいえば、元手×年率五％でじっくり待てる人だけが、安定的なリターンを期待できるということだ。

さらに、それが三ヵ月で半分に減っても、平然としていられるくらいの資金的余裕が必要だ。

元手×年率五％でじっくり待てる人だけが、安定的なリターンを期待できるといっても、あくまで中長期で見た年率平均の話である。特に最近は値動きが激しいため、一ヵ月単位で一時的に一〇％上がったり、二〇％下がったりということもある。その、二〇％下がっているときに「自分の選択は正しい」と信じて平然としていられる、あるいはチャンスだからと買い増せる度胸が必要だ。うろたえて売ってしまうと、資金が減り、先ほど説明したとおり、プラスになったときの収益額が減ってしまう。かといって、もっと下がったらどうしようという恐怖があるから、売りたい衝動に駆られる。このように、自分の買った金融資産の値段が下がると、ずっとそのことばかり考えている人がいるが、こういう人は投資に向かない。自分の確固たる投資信念を持ち、かつ下がっても「これは一時的である」と平然としていられる人だけが、中長期投資に向いている。

そのためには、投資の資金は余裕資金でなければならない。今現在の生活に必要な資金なら言わずもがな、近い将来に絶対に必要な資金を投資に回すと、心配で心配で仕方がない。〝ちょっと下がったら売る〟の繰り返しで少しずつお金を減らしていくだけだ。今現在も近い将来も必要がない余裕資金で、かつある程度の金額が必要となると、そんな資金を持っている人は世の中にあまり多くはいないということになる。つまり、投資できる条件をクリアしている人も多くはいないのだ。

②　その投資資金が半年でゼロになっても、仕事ですぐに取り返せる自信がある（稼

ぎ力)。

投資先企業の倒産や何らかの理由によるマーケットの大暴落は必ずあり、どれだけうまくやっているつもりでも、その影響を完全に避けることはできない。たまたまのアンラッキーが何回か重なるだけで、投資資金の大半を失ってしまうこともありうる。そのときに直近の生活に困ってしまう、あるいは将来の暮らしに影響を与えるような心配がある人は、その資金を投資に回さないことである。

二〇代、三〇代の若い時分ならば、ある程度の資金を投資で失ったとしても、あとで他の仕事で取り返せる可能性を持っているが、六〇代の人が退職金を投資に回したり、五〇代の人が貯金をいきなり投資に回したりするのは、かなり危険である。特に、社会人になってからずっと会社勤めによる賃金のみで暮らしてきた人の多くは、基本的にお金を自分で稼ぐ力を持っていない。いや、自分は会社を退職しても稼げると思っている人は、勤務先の会社の力を過小評価しているに過ぎない。だから、そういう人は残念ながら投資には不適格である。多くの金融機関が退職金やこれまでに蓄えた貯金を狙っているが、格好の餌食になる可能性が高い。

一〇〇万円を投資できる条件として、一〇〇万円を短い期間で別の仕事で稼げなければならないのだ。

③　投資のお金をゲームの得点と同じように考えることができる（性格）。

おそらく、本書の読者の方の中には、たとえばバフェット、ロジャーズやマルキールなどの大物投資家や著名研究者の理論を学び、テクニカル分析について勉強し、その他書店に並んでいる数々の投資指南書やマネー誌を読んで、基本的な考え方を理解されている方もいらっしゃると思う。しかし、何が難しいかというと、その教えどおりになかなか行動できないのである。

その理由が、今から述べることである。

ひと言でいうと、地面に置いてある丸太の上は軽々と歩くことができるが、高層ビルの合間にかけられた丸太は怖くて渡れなくなるのと非常に似ている。先ほど投資をするにはリターンの〝率〟だけでなく〝額〟が重要であると述べたが、実は額にこだわると勝てない。最終的には〝率〟のみを見ることが必要だ。ＦＸをやってみた経験のところでも触れたが、生活と密着したリアルなお金の価値感覚で投資のリターンを考えると、セオリーどおりに行動できないのである。

投資対象の市場に十分な規模があるとすると、一〇〇万円を一五〇万円に増やすための投資行動と、一〇〇〇万円を一五〇〇万円に増やすためのそれはまったく同じである。その結果を出す過程では、プラスマイナス三〇%ほどの変動があるとしよう。資金が一〇〇万円で三〇万円下がっているときは〝一時的〟だからこれから反転して上がると考えて耐えられるが、資金一〇〇〇万円で三〇〇万円下がっているときは〝一時的〟となかなか思えない。なぜなら、将来は誰にもわからないから、一時的かどうかは本人がそう定義するだけのことだからだ。金額が大きくなってくると、この先もっと下がったらどうしようと考えて三〇〇万円の損を確定してしまいがちである。

同様に、相場がプラスに動いたときも、三〇万円の利益だと〝まだまだ〟と考えることができるが、三〇〇万円の利益が出ると、〝ここらで手仕舞い〟と考えてしまうのである。

市場の中で起きている事象はひとつなのだが、投下資金や実現損益の〝実額〟によって、解釈がまったく異なってしまったりするのが、人間心理の不思議なところである。

その額が三万円なのか、三〇万円なのか、はたまた三〇〇〇万円なのかは人によるが、額がいくらかは問題ではない。金額によって投資行動が影響されるようでは、考え方が投資に不向きなのだ。

よく、投資指南書などを読むと「いくらの利益が出たら確定すると自分で決めて、それが実現したら反対売買の注文を出す」などとあるが、これは典型的な投資家不適格思考である。

トレーダー的考えとは、お金をリアルな価値ではなく、ゲームのポイントのように考えることだ。このように考えないと、小額投資のときにはうまくいったとしても、投資金額が大きくなるにつれてどこかで勝てなくなる。

④　毎月分配型の投資信託がなぜ損なのかを説明できる（知識）。

投資信託は投資の初心者に人気の金融商品であるようだが、それは多くの投資家のお金の知識やセンスが非常に残念なレベルにあるということを端的に示している。私も、以上のことを十分に理解しておらず、投資の入り口は投資信託であったが、値下がりしてしまったことは横に置いても、ずいぶん残念なことをしてしまったと思う。

結論からいうと、投資信託は経済的に合理的な買い物ではない。つまり、相対的に損する買い物である。毎月分配型になると、さらに損の上乗せになる。

もちろん、すべての投資信託が損だといっているわけではない。新興国の債権や不動産ファンドなど、直接買うのにかなりの手間がかかり、投資信託でしかアクセスできないような金融商品もある。しかし、国内株式に投資する投資信託などは、購入する経済的な理由が見当たらない。

最大の問題は手数料と信託報酬である。かつては投資信託の手数料は三・一五％のものが多くあった。先述の期待リターンを年率五％とすると、大変な額を購入時に支払うことになる。ただ、多くの人がこの手数料の理不尽さに気づき始めたことや、ここ数年の軟調なマーケットの影響もあり、最近では一％程度の手数料のものや、ノーロード（手数料ゼロ円）のものも出てきている。しかし、手数料ゼロならばいいやと気軽に始める人が見落としがちなのが信託報酬である。

信託報酬はおおよそ、純資産総額に対して一・五％前後が主流である。これは毎年取られるのだが、手数料と違って購入時に自分が払わないから見落としがちである。しかし、黙って支払う一・五％というのは、期待リターン五％の中で見ると、三〇％にものぼる。

これは金融的には大きな率であり、額でもある。しかも、毎年黙って取られるし運用成績がマイナスでもしっかり徴収される（運用会社の言い分は、運用成績がよいときでも信託報酬は一定ですということだが）。

仮に一〇〇万円の投資信託を買うとしよう。手数料一％で、信託報酬一・五％だと、初年度は一・五％、合計二万五〇〇〇円の手数料だ。一方、自分で選んだ株式やＥＴＦ（証券取引所で買える投資信託）を買うなら、手数料は五〇〇円から一〇〇〇円程度で、率にして〇・〇五％から〇・一％である。しかも、買ったあとには一円も払う必要がない。

さて、この初年度の二万五〇〇〇円と、一〇〇〇円の手数料差額、あるいは次年度以降の一万五〇〇〇円と〇円の信託報酬差額をどう正当化したらよいのか。

これら手数料は、自分では運用できないがプロに運用してもらえばリターンが出るであろうという錯覚によって正当化されているのではないか。金融業界の〝プロ〟というのは、他人のお金を集めて運用して、手数料や信託報酬、加えて成功報酬をもらう人たちのことである。自分のお金を運用できる資産と能力のある人は金融業界にはほとんどいないと考えたほうがよい。加えて、日本のバブル崩壊やリーマンショックで金融業が潰れたり救済されたりしているのを見れば明らかなように、彼らがやってもダメなときはダメだし、むしろ彼らがやるからダメになる、ということもある。

優秀なファンドマネジャーを見つければよいという意見もあるが、その労力は優良な銘柄を見つける努力よりもはるかに難しい。投資信託を選び、さらにそのファンドマネジャーが誰で過去の実績はどうかを調べる時間を使う手間は膨大だ。だから、この販売手数料と信託報酬を払う理由は見当たらない。あえて言えば、初心者が金融投資を始めるにあたって、いろいろと説明をしてもらえる授業料であろう。すると、金融投資ではなく、自己投資であると解釈できる。

さて、もうひとつ投資信託の中でも最近人気を集めているのが、〝毎月分配型〟という商品である。これは普通の投資信託よりさらに損なのだが、その理由は二つある。

ひとつは、毎月投資原資が減っていくことである。先ほど述べたように、投資は掛け算である。この〝複利〟のメリットを活かすためには、原資がどんどん増えていかなければならないのだが、これが減っていってしまう点である。

もうひとつは税金の問題である。分配金を受け取ると、一〇％の税金を支払わなければならない。これでまた元手が減る。

特に、毎月分配金をほぼ約束に近い形で支払っているようなファンドでは、運用に回しているお金と、分配金にあてるためのお金を分けて管理しているのが実態であるようだ。

仮に運用用と、分配用をそれぞれ五〇：五〇で分けている毎月分配型の投信があるとしよう（ちなみに割合は、計算のための仮の数字である）。

この投信を一〇〇万円買うと、五〇万円は運用されない。しかし、信託報酬は一・五％取られる。そこから、毎月たとえば五〇〇〇円が取り崩されて支払われるが、それには源泉税が一〇％かかり、手元には四五〇〇円しか入らない。

せっかく働いて、所得税を払って手元に残ったお金を他人に預け、運用にも回されないのに信託報酬を取られ、しかも受け取るときにはさらに税金を払ったあとの金額が手元にぐるっと回って戻ってくる。冷静に考えれば信じられない商品だが、この毎月分配型の投信が大人気だというので本当に驚いてしまう。

ありとあらゆるビジネスは、他人が目標達成を実現する手伝いをすることで、お金を得ている。投信販売も同じであり、まっとうな商売である。だから、彼らが顧客を食い物にしているという表現は適切ではないが、マトモな足し算引き算ができ、〝複利〟の意味を十分に理解しているのであれば、いかにこれらの商品が割に合わないかがわかるだろう。

補足すると、銀行でも投資信託が売られるようになったが、銀行が手数料ゼロの投信を販売することに疑問を持つ人もいるだろう。銀行がそれらを勧める理由は、販売金額によって運用会社からインセンティブ（つまりボーナス）をもらえることと、信託報酬の一部（通常三〇％～五〇％）が、顧客がその投信を保有している限り支払われるからである。最近、短期の高金利で釣って、定期預金と同額の投資信託を買わせるようなキャンペーンをよく見かけるが、そのコストとリターンは慎重に計算する必要があると思う。

⑤ 未曾有の事態が起きたときこそ資金を投入することができる（相場観）。

ビジネスの世界では、「安く買って高く売る」のがあらゆる取引の基本である。投資の世界でもこれが鉄則である。鉄則である以上に、これ以外にない。ビジネスの世界だと、自分なりの付加価値をつけることができるが、投資の世界では売るか買うかという二つのことしかできない。売り買いの判断は、本来の価値よりも安くなったとき、あるいは高くなったときになされる。その投資商品の〝本来の価値〟を常に知っていて、それと乖離した〝タイミング〟で売買をするということだから、投資においては〝本来の価値〟と〝タイミング〞が肝だということになる。

東日本大震災が起きた三月一一日は金曜日であった。翌日一二日土曜日に、福島第一原発の一号機が水素爆発して建屋が吹き飛んだ。次の日曜日は特に大きな事故はなかったのだが、この土日の間、株の買いポジションを持っていた人は、相当おびえていたことだろうと思う。

週が明けた月曜日、ありとあらゆるニュースをテレビとネットで見ていたが、株式市場もその一環としてウォッチしていた。朝方いくらで寄り付くのかを見ていたところ、九五〇〇円で寄り付いた。三月一一日の終値が一万一七〇円だったから、六七〇円下げてのスタートだ。とりあえず寄り付いたものの、この先どこまでいくんだろうと眺めていたが、その日は午前一一時に原発の三号機が爆発したものの、初値に比べて想像していたほど大きな値動きもなく、九四六〇円で場が終了した。

すごいことが起こったのは、その翌日、三月一五日火曜日である。早朝に四号機が爆発したとのニュースが入り、日経平均先物が前日終値比二八〇円マイナスの九一八〇円で寄り付いたあと、急に値を下げ始めた。八五〇〇円を切ったあたりで一瞬システムの画面が凍ったようになり、次に画面が戻ったときには、八〇〇〇円近くになり、ついには七〇〇

日経225先物のチャート

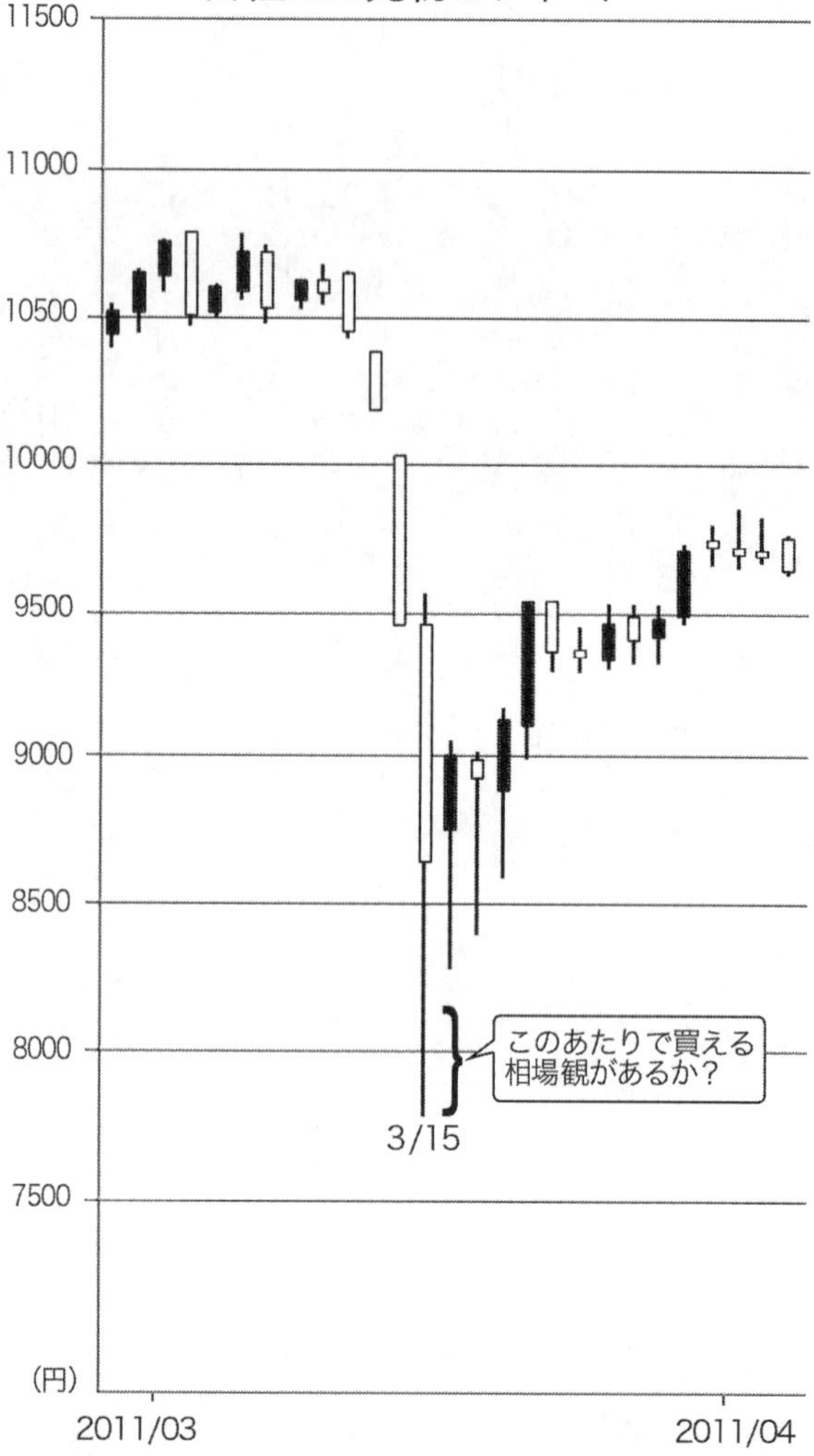

〇円台に突入した。いったいどこまで下がるんだろうと恐ろしい気持ちで眺めていたら、七八〇〇円をつけてから、急上昇し始め、その日は八六四〇円で終わった。前日終値から見ると、八二〇円の下げだが、七八〇〇円から見ると、八四〇円の上昇である。

このような状況で、株を買うことができる人がいるのである。あとで振り返ってみれば、七八〇〇円をつけたのがボトムで、翌日からは株価は持ち直し、震災から三週間後の三月三一日には九七〇〇円まで戻している。

相場観のある、本当に投資で勝てる知識と勇気がある人がいるものである。七八〇〇円をつけたときが、おそらくセリング・クライマックス（株を持っているほとんどの投資家が「もうダメだ……」とパニックを起こし、一斉に売ることで売りが出尽くした状況）と読みとったのであろう。

震災で多くの建物や人が流され、原発の建屋が吹っ飛び、これから日本はどこまで沈んでいくのだろうと人々が暗澹たる気持ちになっている状況だ。株式市場をウォッチしている人は、いったいどこまで下がるのだろうと心配な面持ちでニュースを見ている。そんな状況で株価が上がるほうに賭けられる人が、投資家向きの考え方と勇気を持っている人なのだろうと思う。彼らにとっては、七八〇〇円をつけたあとは、〝本来の価値〟を不当に下回った絶好の〝タイミング〟だったわけである。

あの状況で株を買えるかどうか。それはあなたの相場に対するセンスをチェックするのに格好の質問であると思う。

⑥　投資に関するメディアの情報はあてにしない（知識）。

この震災直後の金融マーケットに関する報道は、しばらくの間ずっと悲観一色であった。しかし、独自の相場観を持っている人は、四号機が爆発した日の午後から買い始めているのである。震災からたったの四日後である。

こうした災害のときに限らず、メディアや投資専門家のマーケット情報に頼って売買しても決してうまくいかないと思う。先ほど述べた、みんなが興味を持ち始めたら終わり、ということもあるのだが、そもそもマーケットの動きに対するメディアや投資専門家の説明は、いい加減過ぎるのである。

もちろん、信用するに足る情報もあるのだが、それらは終値がいくらだったとか、出来高がどれくらいだったとか、そういう事実に限られる。

そもそも、マーケットの動きを説明する理屈は時期によって変わる。また、同時期であっても立場によって違ったりする。たとえば、株式市場の参加者は、円高によって業績が悪化するので、株が下がると説明するが、為替市場の参加者は、リスク回避姿勢が強まっているので円高だという。そして、リスク回避姿勢が強まっている状態とは何かと尋ねると、株が下がっているときであるという。要するに、株が下がるから円高だと考えているわけだ。

株式市場と為替市場の参加者は、それぞれまったく逆のことをいっている。それぞれ、相手方が原因で、自分たちの市場動向が結果であると説明しているのだ。お互いが、原因と結果を逆向きに考えているということは、つまり、どちらも間違えている可能性があるわけだ。

このような例は他にもある。先日ある雑誌で数人の金融専門家が為替について語っていたのだが、それぞれいっていることがまったく違う。どれだけ目を皿のようにして繰り返し読んでも、いったい何が決め手なのかはさっぱりわからなかった。参考までに、出てきた意見を整理すると、以下のようになる。

質問一：為替レートは何によって影響を受けるか。
意見A：為替レートは、短期から中期では金利差、経常収支、資本収支、経済成長率などの要因が絡み合って影響する。長期ではほぼ購買力平価に沿って動く。
意見B：短期から中期では、金融政策を反映した金融動向と金利差。長期では購買力平価と内外のインフレ格差、国際収支の三つ。
意見C：短期では投機的な動きと何か裁量となる出来事が起きたときの動きで決まる。円相場は、教科書とは逆の動き方をするケースが多い。
質問二：為替相場を予測するときに目をつけるべき指標は何か。
意見A：まず金利。ただし、為替相場は金利に連動して動くときと、金利と逆に動くときがある。
意見B：一般の方が為替相場を判断する上では、株価に注目するとよい。
意見C：ドル／円レートはアメリカの雇用統計の動きに反応することが多いのではないか。
意見D：購買力平価よりも国力が重要なのではないか。

つまり、「為替はどう動くのかわからない」ということを専門用語を使って難しく説明しているだけのことなのだ。

私が思うに、専門家というのは、ある事実に対する理解とその原因、対処法について、一定の正しい見解を持っている人のことを指すはずだ。医療の専門家であれば血液検査によってある異常値が出たときに、こういう疾患がある可能性があると特定し、さらに詳しい調査・分析をして、病気を発見し、適切な治療を施す。あるいは、アパレルの専門家であれば、素材や染料、織り方についてそれぞれ詳しく、かつそれらの組み合わせ方によりどのような性質を持つ生地ができ、どのような衣料品に向いているかを十分にわかっている。さらに、これらは〝専門家〟と呼ばれる人なら、誰でも共通の理解を持っているものである。

しかし、マーケットの専門家がそうでないならば、この業界では専門家という言葉の定義が他の業界と異なっているのか、もしくは本当は専門家ではないかのどちらかである。

アドバイスをしているのがこのような人たちなのだから、自分の行動の判断材料として適切かどうかは、あまり疑問を挟む余地がないように思われる。

⑦ これからの日本経済、あるいは世界経済は上向くと信じている（環境）。

私が子供の頃は、母親が郵便局にお金を預けておくと一〇年で倍になるといって喜んでいた記憶がある。それは、一九八〇年前後だったと思うが、当時の郵便局で扱われていた一年ものの定期預金の利率が五％から八％弱あった（「郵便貯金利率沿革表」日本郵政公社）。たしかに、利率八％で一〇〇万円を一〇年間預けると、税前の金額で二一六万円になる。こんな時代がつい三〇年程前にはあったのだが、今では想像もつかない世界である。

そんな時代を知っている人たちがバブル崩壊以降低金利が続き、給料も上がらないとなれば、他にお金を増やす手段はないのか、と血眼になっていろんな方法を探している。その解決策のひとつが金融商品への投資だ。

しかし、経済というのは多くのことが連動している。日本国内だけで見てみても、金利が高いときには株価の上昇率も高いし、その逆もしかり。実際に一九八〇年代に日本株（日経平均）は約六倍になり、値上がりの年率平均は約二〇％だった（一九八〇年初頭の日経平均は六五六〇・一六円、一九八九年末の終値は三万八九一五・八七円）。

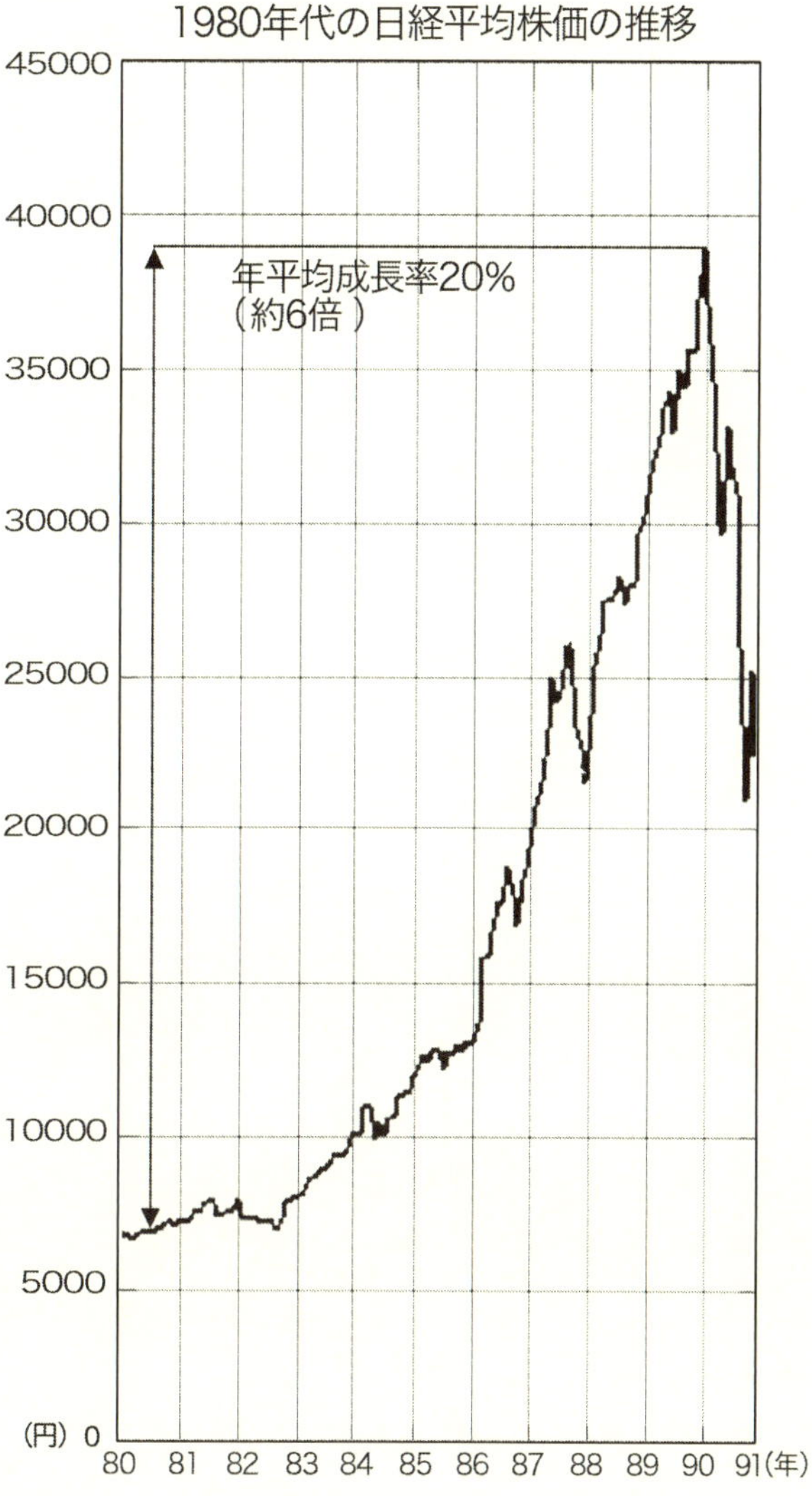
1980年代の日経平均株価の推移
45000
40000
35000
30000
25000
20000
15000
10000
5000
(円) 0
80
81
82
83
84
85
86
87
88
89
90
91(年)
年平均成長率20%
（約6倍）

預けたお金がほぼノーリスクで二倍になる、というその点だけを見れば郵便貯金は十分に魅力的であったが、一方でリスクをとって株式を買っていれば、六倍になっていたわけだ。他にも、この間の勤労者の賃金を見ると、名目ベースの大卒初任給は一九八〇年で約一二万円から一九八九年には約一七万円へと上昇し、一・四倍になっている。つまり、魅力的であったのは郵便貯金だけではなく、全体としてこの時期に日本における経済活動に参加することだったのである。だから、国内に閉じた世界でいうと（厳密にはそのような状況は存在しないが、説明を簡単にするため）、ある金融商品だけが魅力的だということは、考えにくい。

今の金利が安い理由は、日本が低成長だからである。だから、株価も低成長だ、と考えるのがまっとうであり、金利が安いから株へ、というロジックはありえないのである。金利が高かろうが低かろうが、均してみれば常に年率六％ほど株式のほうが平均リターンが高いのである。しかし、株はリターンの分、変動のリスクが大きい。

結局のところ、リスクとリターンを掛け合わせると、中長期的に見ればほとんどの金融商品の収益は、投資対象がカバーする経済全体の伸びに収斂していくのである。

だから、投資によりお金を増やすかどうかというのは、その投資商品の価格形成の元になる経済が伸びるかどうかで決まると考えたほうがよく、預金なのか、株式なのかは手段の問題に過ぎないのである。

多くの人は日本株に投資していると思われるが、これから日本が成長していくと考えれば投資すればよいし、成長しないと考えれば減らない分、預金のほうがよい。デフレだから実は現金が一番強い。預金の金利が安いから株で増やそう、という理屈は成り立たないのである。ここ一〇年で株価は大きく下落したが、もし現金で持っていれば金利ゼロでも、名目上の保有現金は変わらない。多くの時間を使って心労を増やした挙げ句に、お金を減らすのであれば、何もしないというのも、かなり頭のいい選択なのである。

結局はいつ生まれていつ死ぬかである

これまで、投資の七つの条件を詳しく見てきたが、あなたはどうだろうか。

少なくとも、私はひとつも当てはまる条件を持っていない。そういう人は、あきらめて投資には手を出さないか、あるいは小額で投資をしながら上記の七つの条件が整うまで頑張って自分を変えるか、どちらかである。

後者の道を選んだ人のために、最後に身も蓋もない話をしたいと思う。

投資は長期で考える必要があるとよくいわれる。しかし、せっかちな人は長期間待たずに収益を出したいから、すぐに利益が出る商品（＝すぐに損が出る商品）に手を出してしまい、損を出す。

なぜ投資は長期なのか。それは、企業の利益が出るのに時間がかかるからである。それは、我々が仕事をして、成果を出すのに時間がかかることと同じである。

まず、株式投資について考えてみる。株式投資がなぜ長期的には利益が出るという理屈が成り立つのであろうか。それには、株価が何によって決まるかを知ればよい。

簡単にいうと、株価とは企業が生み出す利益のおおよそ一〇倍〜二〇倍で決まる。つまり、株を買うというのは、対象企業の将来の利益――それは一〇年分だったり、二〇年分だったり――を買うことと同義である。この倍率は、そのときの相場や、対象企業が属する市場規模や成長率などによって変わる。二〇一一年一一月現在の日経平均の価格は、対象とする二二五社の利益の約一五倍である。

株価が上がるというのは、将来にわたってその会社の利益の額が増える（と多くの人が予想する）からである。逆に、将来にわたって利益額が減る会社の株価は下がるし、利益額が変わらない会社の株価は一定である。

会社が利益を増やすのには時間がかかる。利益を押し上げるような新商品の開発を例に考えてみよう。新商品を開発するのに一年。テストマーケティングで成果を見極めるのに半年。既存の販路に載せるのに半年。さらに新たな販路を開拓するのに一年かかるとすると、新商品が利益に貢献し始めるのは企画から数えて三年後だ。

ユニクロがアメリカに再び進出し、日本の二倍の店舗数を目指すという。二〇一一年八月末時点のユニクロの国内店舗数は約八〇〇店である。ということは、アメリカに一六〇〇店を作るということだ。それには、一六〇〇の店舗を実際に作り、倉庫も含めた流通網を整備しなければならない。加えて、一六〇〇人の店長が必要だ。店長は誰にでもできるわけではない。社員の一〇人に一人くらいだろう。だとすると、一万六〇〇〇人を採用し、教育しなければならない。これだけ考えてみても、気の遠くなるような作業であり、膨大な時間を要するのである。

時間をかけないと利益は増えない。株価は利益によって決まる。だから株価が上がるには時間がかかる。長期投資が必要だというのは、こういうことなのだ。

直近100年のNYダウ平均の推移

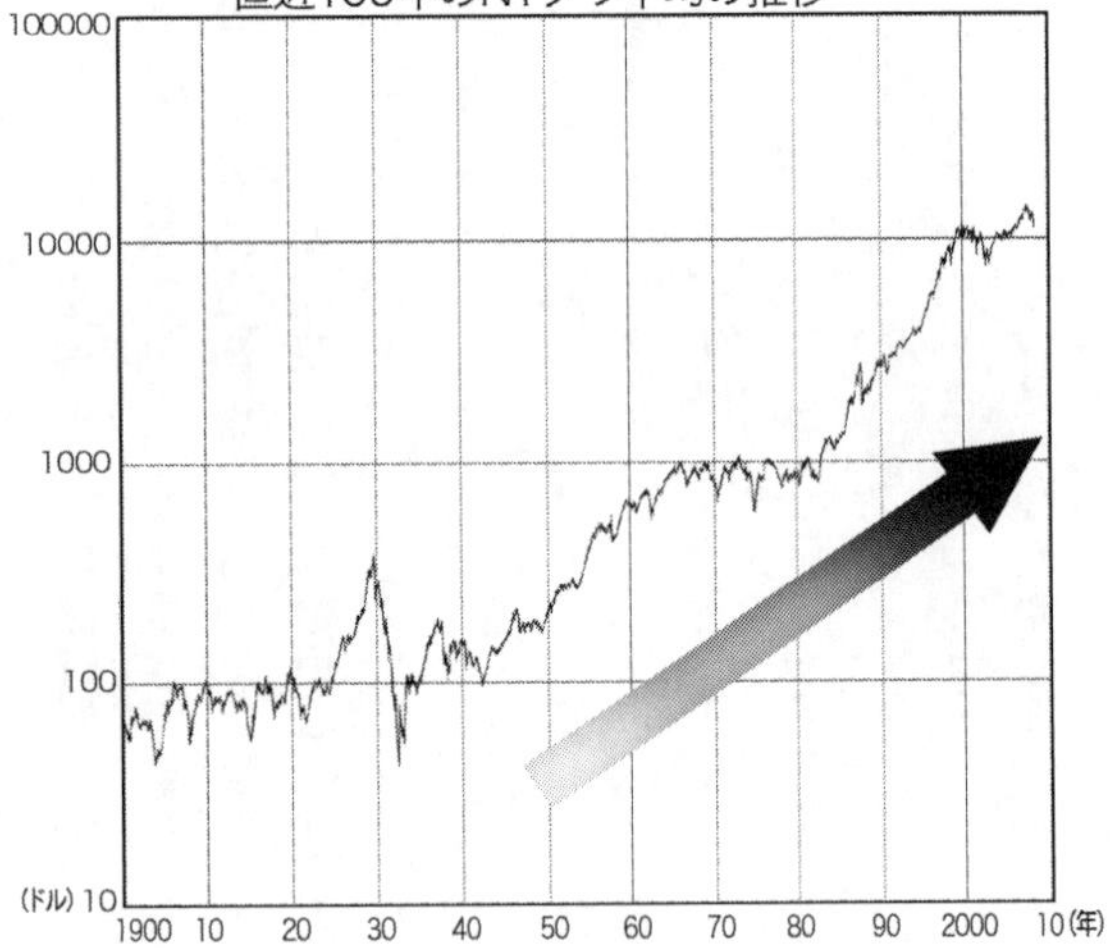

ただし、長期といっても、いったいいつが長期の〝期限〟なのか、というのが個々人の人生にとっては非常に重要なことである。結論からいうと、残念ながらそれは誰にもわからない、ということになる。

よく初心者向けの株式投資の本には、「過去数十年を見てみると、恐慌などによる一時的な変動はあるが、長期で見ると右肩上がりだ。だから長期投資が必要だ」という説明が書かれている。そして、上のような図が紹介される。

過去はたしかにそのとおりであった。しかし、我々には永遠の命があるわけではない。自分の好きなように生きられる可能性があるのは、社会人になる二〇歳頃から、七〇歳くらいまでのせいぜい五〇年間である。

そのうち、積極的な資産形成ができるのは、三〇歳から五〇歳くらいまでの二〇年くらいが現実的なところだろう。ということは、この二〇年が、チャート上のどこにあたるかというのが非常に重要問題になってくる。


ウォーレン・バフェットという著名な投資家がいる。たしかに彼の会社は、投資によって信じられないようなリターンを出していて、その率はマーケットの平均パフォーマンスをはるかに超えている。その投資手法や投資先の選択眼、そして決断力は我々凡人にはなかなか真似できないほどすごいと思う。

しかし、見逃してはならないのは、彼が仕事を始めた一九五〇年代から現在まで、ずっと株式市場（主にアメリカ）は右肩上がりで成長していることである。もちろん、この時期に大金を失っている投資家は数多くいるから、バフェットが優秀であることに間違いはない。

しかし、仮に彼がこの仕事を一九九九年に始めていたら、はたして現在のようなパフォーマンスを出すことができたであろうか、あるいは彼の考え方が首尾一貫しているとして、

ある時期は一転してマイナスになる(NYダウ)

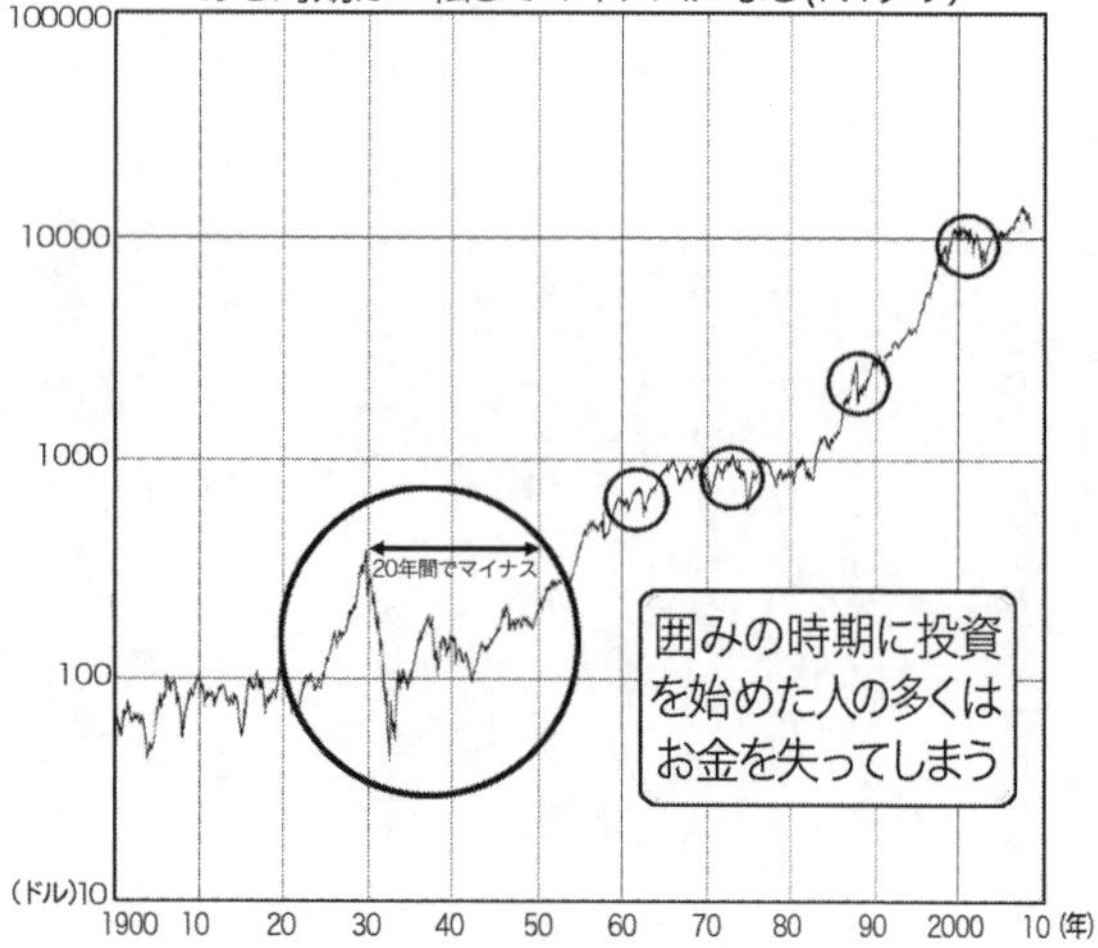

その年に投資を職業として選択したであろうか、という疑問は、常に頭の片隅に持っておく必要があると思うのだ。

この図を、虫眼鏡で見てみよう。ある二〇年間をとったときに、一転してマイナスの時期がある。あるいは、五年間で相当マイナスの時期もある。これらの時期に始めて、投資すればするほど投下資金が目減りしていき、投資をやめる頃には「やっぱり銀行に預けておけばよかった」というような人生になる可能性は、十分にあるのだ。

先進国は衰退しているから、新興国に投資すればよいという論調がある。たしかにそうかもしれない。しかし、一個人が投資できる限度では、耐え切れないような下げを起こすようなリスクが発生するかもしれないし、戦争や政変でマーケットがクラッシュする可能性がないとは言い切れない。それと同時に、国民の平均年齢も低いし人口も増えているから成長する可能性があるともいえる。しかし、そういった環境が整っているからといって実際に成長するとは限らない。あるいは、二〇年かけて新興国に投資してきて、十分に資産を増やし、さて来月から悠々自適と思った瞬間に、何らかの理由でマーケットがクラッシュし、二〇年分のリターンが一瞬にしてパーになる可能性もあるのだ。

絶対に起こらないこと以外は、いつかは起こる。逆に可能性の高いことであっても自分の生きているうちは実現しないこともある。将来のことは、誰にもわからないのだ。

日経平均ですら、毎年順調に伸びるわけではない。それでも自信がある人は、日経平均以上のパフォーマンスが出せると考えるであろう。『日経マネー』二〇一一年七月号に、個人投資家約一万人に聞いたアンケート結果が出ていた。それによると、アンケートに答えてくれた人のうち、日本株に投資して日経平均を五年連続で上回った人が一％いるという。自分はできると思う人には大きな数字だし、自信がない人はやっぱり難しいなと考える数字である。

後者の見方をする人で、かつ、冒頭の七つの条件すべてに当てはまらない人は、金融投資には手を出さないことをお勧めしたい。

私の反省でもあるが、同じ時間を費やすなら、自分がコントロールできることに投下したほうがよいと思う。株価の変動は、個人ではまったくコントロールできない。しかし、自分の仕事はいくらでもコントロールできる。新しい商品を開発したり、サービスを改善したりすることで、収益機会を得ていくほうが現実的である。さらにそれは、世の中のためにもなるのではないか、と思う。

おわりに

お金のことについて、もしかすると勘違いしている人が多くいるのではないかと思っている。お金がたくさんあっても、心配事は減らない。たとえ老後の資金が貯まっても、別の心配がある。心配な人は何でも心配だ。

心配の原因は将来が見えないからである。しかし、将来はもともと見えないものだ。もし○○してしまったら……、心配しようが、心配しまいが、起きるときは起きる。ネガティブな面をしっかりと見て、正しい判断をし、適切な準備をしておくことは必要だ。

しかし、同時にポジティブな面も見ておかなければならない。

今、多くのメディアが「長く続く不況のせいで、給料が年々下がってきて大変だ。お先真っ暗だ」というようなことをいっている。しかし、本当にそうだろうか。たしかに、一〇年前の平均賃金は五〇〇万円だったが、現在は四五〇万円くらいになって、名目的にはここ一〇年で五〇万円も減ってしまった。当然、給料が減るのは悲しいことではあるが、一方でモノもかなり安くなっているから、年収が下がってはいても、けっこう豊かに暮らしていける。むしろ、一円当たりの満足度でいったら、昔よりも今のほうがずっと高い。「ユニクロ」や「しまむら」へ行けば安くて品質のよい服が買えるし、飲食店では安くておいしい料理も食べられる。私が学生時代を過ごした一九九〇年代前半は、デパートでシャツやセーターを買えば軽く一万円くらいしたし、一九八〇円のワイシャツなんて、本当にどうしようもないシロモノだった。

新入社員のときのスーツにも六万円くらい払った覚えがあるが、今はスーツ量販店で一万九八〇〇円払えば、かなりいいモノが買える。学生時代に外で昼食をとると八〇〇円、飲み会をやると一人三〇〇〇円くらいだった。もう二〇年も前のことだが、その値ごろ感は社会人になった今もほとんど変わらない。しかし、そのバリエーションや質を見ると、比べものにならない。その他、家電製品やAV機器などは機能、品質、使い勝手、どれをとっても二〇年前の商品とは比べものにならない。家賃も安いし、道路や公共交通機関などの社会インフラも充実している。

つまり、一円当たりで得られる満足は、二〇年前と比べたらずっと高い。おそらく、一〇年前と比べてもそうだろう。

つまり、給料は減っても実質的にはそれほどこたえていない。普通の生活をしているだけなら、昔よりも今のほうがずっと豊かなはずである。さらには、〝カロリーオフ〟の食品に代表されるように人々がお金を払ってカロリーを摂らないという、人類の歴史から見るとありえない消費行動をとる時代である。しかし、多くの人が豊かさを感じられず、社会全体が衰退に向かっているかのような捉え方をするのはなぜだろうか。

我々はいつも〝比較する〟という習性がある。モノを買うときはどちらがトクかを比べる。会社を選ぶときもどちらが働きがいがありそうかを比べる。パートナーを決めるときも他の選択肢と比較する。

私が、我々が十分豊かであるというのは、常に比較ができる、それも多くの選択肢の中から比較でき、自分に最も適した選択ができるからだ。つまり、選択肢が多い社会がよい社会である、ということだ。

そして、〝比べる〟という行為においては、常により優れた選択肢が存在するという暗黙の前提がある。逆に、それがなくなると、とたんに不安を感じ始める。

我々が豊かさを感じない、衰退を感じるのは、過去の自分と比べてよりよくなる気がしないとき、あるいは親の世代や他の人と比べて選択肢が少ないと感じているときだ。払うときの選択肢、受け取るときの選択肢が減った。成長の機会が減ったと考えるからである。

しかし、これらはすべて我々の頭の中での話である。先述のとおり、我々は十分に豊かなのだ。だから、希望は自分で探す以外にない。希望はあると思えばあるし、ないと思えばないのである。希望があると思う人生のほうが楽しいはずだ。

さて、実は本書ではお金をひとつのテーマとして、人生に希望を持つための考え方や行動について検討してきた。お金の本というと、節約術や賢いモノの買い方、貯金の方法などについて書かれているのではとイメージする方が多いと思う。しかし、そういったお金の分け方の議論だけでは、核心に触れることはできない。やはり、分配の原資そのものをどう増やすかが重要である。だから、特にお金の稼ぎ方やその前提となる目標の持ち方についてページを割いた。さらに、お金の使い方についても、増やすために必要な使い方という視点に立って検討した。

本書が、あなたが新しい希望を見つける最初の一歩を踏み出す手助けになったとしたら、著者としてこれほど幸せなことはありません。

二〇一一年一一月吉日

山崎将志

青春新書
PLAYBOOKS

人生を自由自在に活動《プレイ》する

人生の活動源として

いま要求される新しい気運は、最も現実的な生々しい時代に吐息する大衆の活力と活動源である。

文明はすべてを合理化し、自主的精神はますます衰退に瀕し、自由は奪われようとしている今日、プレイブックスに課せられた役割と必要は広く新鮮な願いとなろう。

いわゆる知識人にもとめる書物は数多く窺うまでもない。

本刊行は、在来の観念類型を打破し、謂わば現代生活の機能に即する潤滑油として、逞しい生命を吹込もうとするものである。

われわれの現状は、埃りと騒音に紛れ、雑踏に苛まれ、あくせく追われる仕事に、日々の不安は健全な精神生活を妨げる圧迫感となり、まさに現実はストレス症状を呈している。

プレイブックスは、それらすべてのうっ積を吹きとばし、自由闊達な活動力を培養し、勇気と自信を生みだす最も楽しいシリーズたらんことを、われわれは鋭意貫かんとするものである。

—創始者のことば—　小澤和一

著者紹介
山崎将志〈やまざき まさし〉
ビジネスコンサルタント。1971年、愛知県生まれ。東京大学経済学部経営学科卒業。94年にアクセンチュア入社後、2003年独立。ビジネスコンサルティングのアジルパートナーズ、生活総合支援サービスと5円コピーのカジタク（2011年4月よりイオングループ傘下）、プロフェッショナル研修の知識工房など複数の事業の運営に、株主、経営者、実務担当者の三つの立場から携わる。著書に『残念な人の思考法』『仕事オンチな働き者』（日本経済新聞出版社）、『残念な人の仕事の習慣』（アスコム）、『残念な人の英語勉強法』（幻冬舎）などがある。

残念《ざんねん》な人《ひと》のお金《かね》の習慣《しゅうかん》　青春新書 PLAYBOOKS

2011年12月25日　第1刷
2012年3月15日　第7刷

著者　山《やま》崎《ざき》将《まさ》志《し》

発行者　小澤源太郎

責任編集　株式会社プライム涌光
電話　編集部　03(3203)2850

発行所　東京都新宿区若松町12番1号 〒162-0056　株式会社青春出版社
電話　営業部　03(3207)1916　振替番号　00190-7-98602

印刷・中央精版印刷　製本・フォーネット社

ISBN978-4-413-01938-5